Elogios para *A Mais Breve História da Democracia*

"Por um breve e brilhante momento, a democracia parecia ascendente. No entanto, como o notável teórico político John Keane demonstra, a democracia tem uma história, mas não necessariamente um futuro. Em uma análise concisa e imaginativa, *A Mais Breve História da Democracia* descreve as principais variantes da democracia e as muitas tentativas de justificar essa maneira confusa e imperfeita de nos governarmos. O professor Keane defende uma ética na qual nossas próprias imperfeições são motivo para responsabilizarmos uns aos outros. Um livro urgente e importante para uma época conturbada." — **Glyn Davis AC, professor emérito de ciência política da Universidade de Melbourne**

"Nesta era fatigada, na qual a democracia aparece sob ataque de todos os lados — e especialmente de dentro —, este pequeno e rico volume é um tônico. John Keane pega os ideais, as práticas, os triunfos e os fracassos das democracias e os entrelaça em algo oportuno, lírico e estimulante. Para céticos e idealistas, este livro não poderia ter vindo em melhor hora." — **Scott Ludlam, ex-vice-líder do *Australian Greens* e autor de *Full Circle***

"O melhor e mais acessível livro sobre o potencial radical da democracia publicado no terceiro milênio." — **Takashi Inoguchi, professor emérito da Universidade de Tóquio; eminente erudito e professor na Universidade J.F. Oberlin (Tóquio); ex-secretário-geral adjunto da ONU**

"Uma história perspicaz da democracia, uma reflexão sensível sobre sua fragilidade e uma análise inteligente e original de seus problemas atuais." — **Enrique Krauze, historiador**

"Remando contra a maré de pessimismo sobre o futuro da democracia, o proeminente estudioso da história das ideias e práticas democráticas nos hipnotiza mais uma vez com um conhecimento formidável e verve estilística. Um livro brilhante." — **Paul't Hart, professor de administração pública da Utrecht University**

"Neste livro esclarecedor, John Keane traça a história das ideias e práticas democráticas. Ele nos dá um novo embasamento sobre a democracia enquanto conjunto global de ideais e realidades, adaptados a diferentes culturas e épocas." — **Armando Chaguaceda, cientista político e historiador de El Colegio de Veracruz, México**

"O livro mais envolvente, preciso, espirituoso, bem embasado, conciso e bem estruturado sobre democracia que você encontrará." — **Pedro Aibéo, criador do conceito de *architectural democracy***

"Uma apresentação acessível e inspiradora da democracia através dos tempos. John Keane nos oferece uma análise concisa, concentrada, mas profunda. Quem não sabe aprenderá de maneira clara; aqueles que sabem também aprenderão, graças a vários detalhes e ao exame de verdadeiros equívocos sobre a democracia." — **Xavier Philippe, professor da Universidade de Paris 1 Panthéon-Sorbonne**

"Um livro notável. Abrange um vasto panorama histórico ao mesmo tempo em que oferece profundidade intelectual. Baseia-se em pesquisa e erudição, mantendo-se acessível e envolvente. Mas, acima de tudo, apresenta uma história esperançosa sem ser ingênua. Modesto em tamanho, incrivelmente ambicioso em conteúdo." — **Matthew Flinders, professor de política da Universidade de Sheffield; vice-presidente da Associação de Estudos Políticos do Reino Unido**

"Em um momento em que a democracia é desafiada por dentro e por fora, precisamos de abordagens livres da retórica que muitos no Ocidente usam para justificar seus sistemas falhos, que sejam honestas sobre as complexidades de viver democraticamente e implacáveis no que tange à clareza intelectual e moral. Este é um livro assim." — **Cherian George, autor de *Hate Spin: The Manufacture of Religious Offense and its Threat to Democracy***

"A mais breve — e a melhor! John Keane sabe mais sobre a história da democracia de maneira global do que se pode imaginar. Provocador, apaixonado, divertido e até um pouco esperançoso. Leia." — **Michael Schudson, professor de jornalismo e sociologia da Universidade Columbia**

A MAIS BREVE HISTÓRIA da DEMOCRACIA

Outras obras de John Keane

Vida e Morte da Democracia (2009)

The New Despotism (2020)

Power and Humility: The Future of Monitory Democracy (2018)

When Trees Fall, Monkeys Scatter: Rethinking Democracy in China (2017)

Democracy and Media Decadence (2013)

Global Civil Society? (2003)

Reflections on Violence (1996)

Tom Paine: A Political Life (1995)

Democracy and Civil Society (1988)

Outras obras da série *A Mais Breve História*

A Mais Breve História da Europa, de John Hirst

The Shortest History of England, de James Hawes

The Shortest History of China, de Linda Jaivin

The Shortest History of India, de John Zubrzycki

The Shortest History of the Soviet Union, de Sheila Fitzpatrick

The Shortest History of War, de Gwynne Dyer

John Keane

ALTA BOOKS
GRUPO EDITORIAL
Rio de Janeiro, 2023

A Mais Breve História da Democracia

Copyright © 2023 da Starlin Alta Editora e Consultoria Eireli.
ISBN: 978-85-508-1869-6

> Translated from original The Shortest History of Democracy. Copyright © 2022 by John Keane. ISBN 978-17-606-4256-3. This translation is published and sold by permission of Black Inc., an imprint of Schwartz Books Pty Ltd, the owner of all rights to publish and sell the same. PORTUGUESE language edition published by Starlin Alta Editora e Consultoria Eireli, Copyright © 2023 by Starlin Alta Editora e Consultoria Eireli.

Impresso no Brasil — 1ª Edição, 2023 — Edição revisada conforme o Acordo Ortográfico da Língua Portuguesa de 2009.

Todos os direitos estão reservados e protegidos por Lei. Nenhuma parte deste livro, sem autorização prévia por escrito da editora, poderá ser reproduzida ou transmitida. A violação dos Direitos Autorais é crime estabelecido na Lei nº 9.610/98 e com punição de acordo com o artigo 184 do Código Penal.

A editora não se responsabiliza pelo conteúdo da obra, formulada exclusivamente pelo(s) autor(es).

Marcas Registradas: Todos os termos mencionados e reconhecidos como Marca Registrada e/ou Comercial são de responsabilidade de seus proprietários. A editora informa não estar associada a nenhum produto e/ou fornecedor apresentado no livro.

Erratas e arquivos de apoio: No site da editora relatamos, com a devida correção, qualquer erro encontrado em nossos livros, bem como disponibilizamos arquivos de apoio se aplicáveis à obra em questão.

Acesse o site www.altabooks.com.br e procure pelo título do livro desejado para ter acesso às erratas, aos arquivos de apoio e/ou a outros conteúdos aplicáveis à obra.

Suporte Técnico: A obra é comercializada na forma em que está, sem direito a suporte técnico ou orientação pessoal/exclusiva ao leitor.

A editora não se responsabiliza pela manutenção, atualização e idioma dos sites referidos pelos autores nesta obra.

Dados Internacionais de Catalogação na Publicação (CIP) de acordo com ISBD

K25m Keane, John
A Mais Breve História da Democracia / John Keane ; traduzido por João Costa. - Rio de Janeiro : Alta Books, 2023.
224 p. ; 16cm x 23cm.

Tradução de: The Shortest History of Democracy
Inclui índice.
ISBN: 978-85-508-1869-6

1. Ciências políticas. 2. Democracia. I. Costa, João. I. Título.

CDD 320
CDU 32

2023-117

Elaborado por Vagner Rodolfo da Silva - CRB-8/9410

Índice para catálogo sistemático:
1. Ciências políticas 320
2. Ciências políticas 32

Produção Editorial
Grupo Editorial Alta Books

Diretor Editorial
Anderson Vieira
anderson.vieira@altabooks.com.br

Editor
José Ruggeri
j.ruggeri@altabooks.com.br

Gerência Comercial
Claudio Lima
claudio@altabooks.com.br

Gerência Marketing
Andréa Guatiello
andrea@altabooks.com.br

Coordenação Comercial
Thiago Biaggi

Coordenação de Eventos
Viviane Paiva
comercial@altabooks.com.br

Coordenação ADM/Finc.
Solange Souza

Coordenação Logística
Waldir Rodrigues
logistica@altabooks.com.br

Direitos Autorais
Raquel Porto
rights@altabooks.com.br

Assistente Editorial
Henrique Waldez

Produtores Editoriais
Illysabelle Trajano
Maria de Lourdes Borges
Paulo Gomes
Thales Silva
Thiê Alves

Equipe Comercial
Adenir Gomes
Ana Carolina Marinho
Ana Claudia Lima
Daiana Costa
Everson Sete
Kaique Luiz
Luana Santos
Maira Conceição
Natasha Sales

Equipe Editorial
Ana Clara Tambasco
Andreza Moraes
Arthur Candreva
Beatriz de Assis
Beatriz Frohe
Betânia Santos
Brenda Rodrigues
Caroline David
Erick Brandão
Elton Manhães
Fernanda Teixeira
Gabriela Paiva
Henrique Waldez
Karolayne Alves
Kelry Oliveira
Lorrahn Candido
Luana Maura
Marcelli Ferreira
Mariana Portugal
Matheus Mello
Milena Soares
Patricia Silvestre
Viviane Corrêa
Yasmin Sayonara

Marketing Editorial
Amanda Mucci
Guilherme Nunes
Livia Carvalho
Pedro Guimarães
Thiago Brito

Atuaram na edição desta obra:

Tradução
João Costa

Copidesque
Carolina Palha

Revisão Gramatical
Alessandro Thomé
Edite Siegert

Revisão Técnica
Mariane Costa

Diagramação
Cátia Soderi

Capa
Marcelli Ferreira

Editora afiliada à: ASSOCIADO

Rua Viúva Cláudio, 291 – Bairro Industrial do Jacaré
CEP: 20.970-031 – Rio de Janeiro (RJ)
Tels.: (21) 3278-8069 / 3278-8419
www.altabooks.com.br — altabooks@altabooks.com.br
Ouvidoria: ouvidoria@altabooks.com.br

Em memória de C.B. Macpherson (1911–1987),
um sábio professor, modesto mestre das palavras e democrata

SUMÁRIO

Linha do tempo da democracia   x

Introdução   1

I.   Democracia de assembleia   15

II. Democracia eleitoral   67

III. Democracia monitória   139

Notas   197

Créditos das imagens   205

Sobre o autor   207

Índice   208

A ERA DA DEMOCRACIA DE ASSEMBLEIA

2500 a.C.	Primeiras assembleias populares na Síria-Mesopotâmia
1500 a.C.	Repúblicas governadas por assembleias surgem no subcontinente indiano
1450 a.C.	A escrita linear B dos micênicos inclui palavras como *dāmos* e *dāmokoi*
1100 a.C.	Assembleias populares fenícias se desenvolveram
650–600 a.C.	As assembleias gregas começam a prosperar
507 a.C.	A transição para a democracia inicia em Atenas
460–370 a.C.	A vida de Demócrito, o democrata risonho
336 a.C.	Dēmokratia, a deusa da democracia, aparece em uma lei ateniense esculpida em mármore
260 a.C.	Tropas macedônias finalmente esmagam a democracia ateniense

A ERA DA DEMOCRACIA ELEITORAL

Anos 600 d.C.	Nascimento do Islã e o costume de *wakil* (representando assuntos legais, comerciais e religiosos em nome de terceiros)
930	Ilhas Faroé e assembleias islandesas
1188	Primeiros parlamentos nascidos no norte da Espanha
1215	A assinatura da Carta Magna (uma grande carta de liberdades)
1414–1418	Concílio de Constança, onde os bispos elegem um papa
1600	As Alianças Divinas Resistência à tirania na Escócia
1644	*Areopagitica*, de John Milton; Defesa da liberdade de imprensa
1649	Execução pública do rei Carlos I; Breve período de governo republicano na Inglaterra
1765	Marquês d'Argenson define a "verdadeira" democracia na forma representativa
1776	Declaração de Independência dos EUA; Nascimento de uma república autônoma
1789	Revolução Francesa; Execução de Luís XVI

A ERA DA DEMOCRACIA MONITÓRIA

1791	O best-seller de Thomas Paine *Direitos dos Homens*
Anos 1820	Nascimento da competição multipartidária nas eleições; Ascensão dos caudilhos na América espanhola
1835–40	O clássico *Democracia na América*, de Alexis de Tocqueville, publicado em dois volumes;
1835–40	Introdução do voto secreto
Anos 1890	Direitos de voto para mulheres na Nova Zelândia, Austrália do Sul, Colorado, Utah e Idaho e partes do Canadá
1900	Primeiras reformas do estado de bem-estar no Uruguai
1920–1939	Destruição da democracia eleitoral pela tirania roxa, ditadura militar e totalitarismo; Começa a Segunda Guerra Mundial
1945	Formação das Nações Unidas; *The Children of Light and The Children of Darkness*, de Reinhold Niebuhr
1948	Adoção da Declaração Universal dos Direitos Humanos
Anos 1950	Nova constituição indiana (26 de janeiro de 1950) e primeira eleição geral (out. de 1951 – fev. de 1952)
Anos 1960	Redes de direitos civis dos anos 1960, *sit-ins* e *teach-ins*; Renascimento do feminismo, direitos dos gays, direitos dos deficientes e outros movimentos sociais
1972	Primeiros partidos políticos verdes formados na Austrália e Nova Zelândia
1974	Revolução dos Cravos em Portugal
1989	Revoluções de veludo na Europa Centro-Oriental; Colapso da União Soviética
Anos 1990	Nelson Mandela libertado (11 de fevereiro de 1990) e fim do apartheid (27 de abril de 1994); Celebrações do triunfo global da democracia liberal
Anos 2000	Reação populista no Brasil, Itália, Polônia, México e outros países; Expansão do poder global de novos regimes despóticos na China, Rússia, Turquia e Arábia Saudita
2020	Pandemia de coronavírus; Relatórios do Instituto V-Dem da Suécia marcaram declínio global do apoio à democracia

INTRODUÇÃO

ATUALMENTE, MILHÕES DE CIDADÃOS EM TODO O MUNDO fazem perguntas de grande importância: O que está acontecendo com a democracia, uma forma de governar e viver que até recentemente se dizia ter desfrutado de uma vitória global? Por que, em todos os lugares, considera-se que está em recuo ou em extinção? Tais pessoas estão, de fato, certas em levantarem essas questões.

Três décadas atrás, a democracia parecia estar abençoada. O poder do povo importava. A resistência pública ao governo arbitrário mudou o mundo. As ditaduras militares entraram em colapso. O apartheid foi derrubado. Houve a Revolução de Veludo, seguida das revoluções das Tulipas, das Rosas e da Revolução Laranja. Políticos corruptos foram presos ou levados a julgamento, morreram sob custódia ou baleados.

Hoje as coisas são diferentes. Na Bolívia, em Belarus, Mianmar, Hong Kong e outros países, os cidadãos são vítimas de detenção, prisão, espancamento e execução. Em outros lugares, os democratas geralmente parecem estar com o pé atrás, tomados por sentimentos de que nossos tempos estão estranhamente desequilibrados e perturbados por preocupações de que grandes democracias como Índia, Estados Unidos, Grã-Bretanha, África do Sul e Brasil estejam caminhando rumo a um precipício, arrastadas pelo agravamento da desigualdade social, o descontentamento dos cidadãos e a podridão de instituições governamentais não responsivas. Crescem os temores de que a democracia esteja sendo sabotada pelo apoio popular raivoso aos demagogos ou pelo capitalismo de vigilância, por epidemias, pela ascensão da China e de déspotas como Putin, que falam a linguagem da democracia, mas não se importam nem um pouco com sua substância. Ao mesmo tempo, a complacência e o ceticismo estão em ascensão: há quem diga que falar da doença e da morte iminente da democracia é algo melodramático — descrição exagerada do que é apenas um período passageiro de ajuste político e reajuste estrutural.

A Mais Breve História da Democracia se inspira nessas perguntas e dúvidas difíceis para oferecer uma resposta concisa: enquanto praticamente todas as democracias estão enfrentando sua crise mais profunda desde a década de 1930, não estamos de forma alguma em uma repetição desse período sombrio. Sim, poderosas forças econômicas e geopolíticas estão mais uma vez ganhando vantagem contra o espírito e a substância da democracia. A grande epidemia que começou a varrer o mundo em 2020 tornou as coisas muito piores, como uma pandemia de *influenza* fez um século antes. O antigo adágio que diz que as pessoas comuns não contam para nada e a democracia é uma capa para os ricos certamente ainda é, em parte, verdadeiro. O mesmo acontece com a disseminação do policiamento com mão de ferro e da fiscalização de cidadãos desiludidos. Com o declínio gradual dos Estados Unidos, o ressurgimento de um império chinês autoconfiante, as intermináveis desordens ocasionadas pela dissolução da União Soviética e o despotismo da região árabe, nossos tempos não são menos agitados ou cruciais. E ainda — a qualificação é fundamental — nossos dias são tão preocupantes e intrigantes exatamente porque *são* diferentes.

UMA HISTÓRIA ESPERANÇOSA

Entender como nossos tempos são únicos exige que levemos o passado a sério. Mas por quê? Como a lembrança de coisas passadas não é apenas útil, mas vital para considerarmos o destino da democracia nestes anos conturbados do século XXI? Obviamente, a história importa porque, quando ignoramos o passado, invariavelmente entendemos mal o presente. Perdemos a medida das coisas. Não esquecer os fatos nos torna mais sábios e nos ajuda a entender melhor as novas provações e problemas enfrentados pela maioria das democracias atuais.

Há algo mais. Este pequeno livro se propõe a despertar um sentimento de admiração pela democracia. Não é uma visita ao antiquário com coisas passadas, uma história pela história em si. *A Mais Breve História da Democracia* é mais como uma odisseia cheia de reviravoltas inesperadas, uma história daqueles momentos mágicos em que a democracia nasceu, amadureceu ou chegou a um desfecho complicado. O livro acompanha as longas continuidades, as mudanças graduais, os momentos confusos e as reviravoltas repentinas que definiram sua história; concentra-se nos choques e retrocessos passados, quando a democracia sofreu um golpe esmagador ou cometeu um democídio; movimenta as peças no quebra-cabeça — por que a democracia é tipicamente retratada como uma mulher, por exemplo — e traz algumas surpresas. *A Mais Breve História da Democracia* também visa desestabilizar ortodoxias.

A história pode causar danos. Este livro se despede do clichê de que a democracia nasceu em Atenas e da crença intolerante de que o mundo islâmico primitivo em nada contribuiu para o espírito e as instituições da democracia. Ele defende uma história mundial da democracia e, portanto, rejeita a afirmação influente, mas limitada, do cientista político Samuel P. Huntington de que o desenvolvimento mais importante de nossa geração é a "terceira onda" da democracia liberal ao estilo norte-americano desencadeada por eventos no sul da Europa no início da década de 1970. Isso mostra por que a democracia é muito mais do que eleições periódicas "livres e justas", como pensava Huntington, e por que o nascimento da nova forma de democracia monitória nos anos após 1945 foi muito mais relevante e continua assim até hoje.

Este livro não é um conto sombrio sobre catástrofes. Ao prestar atenção aos intrincados destinos da democracia, não fortalece os espíritos dos céticos e déspotas, alertando de maneira astuta que, quando se trata de democracia, tudo geralmente acaba mal. O livro concorda com a ilustre estudiosa dos clássicos franceses, Nicole Loraux: a história da democracia foi registrada principalmente por seus inimigos, como o antigo historiador grego e general militar Tucídides (c. 460–400 a.C.) e o diplomata e escritor político florentino Niccolò Maquiavel (1469–1527). Em contrapartida, estas páginas tomam o lado da democracia, mas se esforçam para abandonar ilusões e preconceitos e se proteger contra o perigo de que a história possa se assemelhar a um grande volume de informações jogado pelos vivos sobre os mortos. A democracia não precisa de uma polícia da memória. Este breve livro não supõe ser a última palavra sobre democracia por saber tudo sobre seu passado; ou que sabe de antemão que — apesar de qualquer coisa — tudo acabará bem ou mal. Não é uma obra otimista de maneira tola, nem pessimista de modo dogmático sobre o futuro. Antes, este livro é um portador de esperança.

A defesa intransigente da democracia que percorre estas páginas extrai sua força da lembrança dos que se foram. É inspirada por encontros com uma série de personagens muitas vezes esquecidos que comeram, beberam, riram, suspiraram, choraram e morreram pela democracia, pessoas de passados distantes cujas palavras e atos inspiradores nos lembram de que a democracia, compreendida de forma cuidadosa, continua sendo a arma mais poderosa já inventada pelos seres humanos para prevenir o abuso mal-intencionado do poder. O livro investiga as origens obscuras e a relevância contemporânea de antigas instituições e ideais, como o governo por assembleia pública; o voto para

Na preparação para a eleição de novembro de 2020 nos EUA, a artista asiático-americana Amanda Phingbodhipakkiya (1992–) fez parceria com o grupo de defesa da sociedade civil *MoveOn* para produzir cartazes com o intuito de combater a desinformação e inspirar cidadãos desiludidos a votarem e "continuarem lutando por seu direito de fazê-lo".

mulheres, trabalhadores e escravizados libertos; o voto secreto; o julgamento por júri; e a representação parlamentar. Aqueles curiosos sobre partidos políticos, eleições periódicas, referendos, judiciários independentes, comissões da verdade, sociedade civil e liberdades civis — como a liberdade de imprensa — se satisfarão. Os interessados em investigar os significados mutáveis — e muitas vezes disputados de forma acalorada — da democracia, ou a cacofonia das razões conflitantes apresentadas sobre por que ela é uma coisa boa ou ruim, ou por que uma característica impressionante da democracia é que ela dá às pessoas uma chance de fazer coisas estúpidas e depois mudar de ideia, e outras piadas úteis em qualquer apuração eleitoral, também ficarão satisfeitos.

O ministro da propaganda do Reich de Hitler, Joseph Goebbels, disse que uma das piadas mais engraçadas sobre a democracia é que ela dá a seus inimigos os meios para destruí-la — e, poderíamos acrescentar, triturar suas memórias na poeira do tempo. Vamos levar a sério essa piada fascista de mau gosto. Várias vezes no passado, as democracias tropeçaram e caíram, e às vezes nunca se recuperaram. Este livro é uma história de precaução, mas tem uma abordagem afiada. Mostra que a história não é uma narrativa que fica do lado dos inimigos da democracia. Não é um epitáfio, uma triste história de ruína registrada em prosa e notas de rodapé. Parafraseando o sábio do século XVIII Voltaire (1694–1778), não é o som de chinelos de seda no andar de cima e tamancos de madeira embaixo. Longe de ser uma sequência de horrores, mostra que a história pode vir em defesa dos desfavorecidos. A história não é um obituário; pode inspirar nos motivando a ver que a preciosa invenção chamada democracia geralmente é construída com grande dificuldade, mas facilmente destruída por seus inimigos — ou por descuido, ou por passividade indolente.

CONTRA O TITANISMO

Embora a democracia não tenha garantias de sobrevivência, ela tem sido regularmente a parteira da mudança política e social. Aqui chegamos a um ponto intrigante com consequências de longo alcance. Os democratas não apenas alteraram o curso da história — por exemplo, envergonhando e despojando monarcas, tiranos, estados corruptos e impérios inteiros governados por imperadores cruéis ou tolos. Podemos dizer — eis um paradoxo — que a democracia ajudou a tornar a história possível. Quando entendida simplesmente como pessoas governando a si mesmas, o nascimento da democracia implicava algo que continua a ter um efeito radical: supunha que os seres humanos pudessem inventar instituições que lhes permitissem decidir, como iguais, como viveriam juntos em nosso planeta. Isso pode parecer bastante óbvio, mas pense em seu significado por um momento. A ideia de que mortais que respiram e piscam podem se organizar em fóruns onde deliberam sobre questões de dinheiro, família, lei e guerra como pares e decidem um curso de ação — a democracia, nesse sentido, era uma invenção arrepiante, porque estava em vigor a primeira forma *maleável* de governo.

Comparada com regimes políticos como a tirania e a monarquia, cujas legitimidade e durabilidade dependem de regras fixas e congeladas, a democracia é excepcional ao exigir que as pessoas vejam que tudo é construído sobre as areias movediças do tempo e do espaço e, portanto, para não se entregarem a monarcas, imperadores e déspotas, precisam viver abertamente e com flexibilidade. A democracia é amiga da contingência. Com o auxílio de medidas como liberdade de reunião pública, órgãos anticorrupção e eleições periódicas, promove a indeterminação. Aumenta a consciência das pessoas de que como as coisas estão agora não é necessariamente como elas serão no futuro. A democracia espalha dúvidas sobre falar da "essência" das coisas, hábitos inflexíveis e arranjos supostamente imutáveis. Encoraja as pessoas a verem que seus mundos podem ser transformados. Às vezes, provoca uma revolução.

A democracia tem uma qualidade selvagem, como gostava de dizer o pensador francês Claude Lefort (1924–2010). Rasga certezas, transgride limites e não é facilmente domada. Ela pede às pessoas que vejam

O satirista e escritor chinês Lin Yutang trabalhando em sua invenção, uma máquina de escrever com caracteres chineses. Seus escritos zombavam da propaganda e da censura do governo nacionalista dos anos 1930. O primeiro de seus muitos livros em inglês, *My Country and My People (Minha Terra e Meu Povo*, 1935), tornou-se best-seller.

além da conversa sobre deuses, governantes divinos e até da natureza humana, que abandonem todas as reivindicações de um privilégio inato baseado na superioridade "natural" do cérebro ou sangue, da cor da pele, da casta, da classe, do credo, da idade ou da orientação sexual. A democracia desnatura o poder.

Ao encorajar as pessoas a verem que sua vida está aberta a alterações, a democracia aumenta a consciência do que é, sem dúvida, o principal problema político: como impedir o governo de poucos, ricos ou poderosos, que agem como se fossem grandiosos imortais nascidos para governar? A democracia resolve esse velho problema do titanismo — o governo de pretensos gigantes — defendendo uma ordem política que garanta que quem recebe quanto, quando e como seja uma questão permanentemente aberta. Desde seu início, a democracia reconheceu que, embora os seres humanos não fossem anjos, eles eram pelo menos bons o suficiente para impedir que outros se comportassem como se assim fossem. E o outro lado: como as pessoas não são santas, ninguém pode ser confiável para governar os outros sem verificar seu poder. A democracia supõe, disse certa vez o escritor chinês Lin Yutang (1895–1976), que os seres humanos são mais como trapaceiros em potencial do que pessoas honestas e que, como não se pode esperar que sejam sempre bons, é preciso encontrar maneiras de impossibilitar que eles sejam maus. O ideal democrático é o governo dos humildes, pelos humildes, para os humildes. Significa governar por pessoas, cujo poder soberano de decidir as coisas não deve ser entregue a deuses imaginários, às vozes trovejantes da tradição, a autocratas ou especialistas, ou simplesmente entregue à preguiça impensada, permitindo que outros decidam questões de importância pública.

SURPRESAS E SEGREDOS

Como a democracia encoraja as pessoas a verem que nada do mundo — nem mesmo a chamada natureza humana — é atemporal, sua história é pontuada por momentos extraordinários em que, contra probabilidades formidáveis, e apesar de todas as expectativas e previsões, corajosos indivíduos, grupos e organizações desafiaram o *status quo*, derrubaram seus senhores e viraram o mundo de cabeça para baixo. A democracia muitas vezes surpreende a realidade, pois está do lado dos milagres terrenos. As drásticas prisões e execuções públicas de reis e tiranos, o motim não planejado de cidadãos descontentes, a resistência inesperada ao regime militar e eleições parlamentares polarizadas estão entre os dramas que pegam os vivos de surpresa e deixam aqueles que vêm depois fascinados em relação a como e por que tais avanços ocorreram.

Dar sentido a esses dramas de triunfo democrático é um desafio. Exige abrir mão de certezas sólidas. Obriga-nos a abrir os olhos para eventos que se tornam mais maravilhosos pelo fato de que a democracia protege cuidadosamente alguns de seus segredos mais antigos e preciosos das mentes indiscretas das gerações posteriores.

Considere um exemplo: o fato de que a democracia, tanto nos tempos antigos quanto nos modernos, muitas vezes foi retratada como uma mulher. Os protestos de 2019 que levaram à derrubada do ditador sudanês Omar al-Bashir incluíram uma manifestante estudantil vestida de branco, Alaa Salah, que foi reverenciada por sua dança animada e pedia aos manifestantes que defendessem a dignidade e a decência. A revolta de verão de 2019 dos cidadãos de Hong Kong contra o domínio da China continental a viu aparecer, graças a financiamento coletivo, como uma estátua de quatro metros de altura, equipada com capacete, óculos e máscara de gás, segurando um poste e um guarda-chuva. Na malfadada ocupação de 1989 da Praça Tiananmen de Pequim, a democracia, projetada por estudantes da Academia Central de Belas Artes, apareceu como uma deusa carregando uma lâmpada acesa da liberdade.

Voltando no tempo, o artista italiano Cesare Ripa de Perugia (c. 1555–1622) retratou a democracia como uma camponesa segurando uma romã — símbolo da unidade do povo — e um punhado de cobras se contorcendo. E, graças ao trabalho de arqueólogos do século XX, temos evidências de uma deusa chamada Dēmokratia adorada pelos cidadãos de Atenas (todos homens) no exercício de seu direito de resistir à tirania e de se reunir em sua própria assembleia, sob suas próprias leis.

Alaa Salah, símbolo de uma revolta popular, em cima de um carro e vestida com uma indumentária típica branca, conduzindo cânticos pela derrubada do presidente Omar al-Bashir em Cartum, em abril de 2019.

Na edição francesa de 1643 da *Iconologia* (1593), de Cesare Ripa — um livro sobre emblemas e virtudes amplamente lido —, a democracia é apresentada como uma camponesa grosseiramente vestida. Até os tempos modernos, a democracia foi descartada como um ideal (grego) perigosamente ultrapassado que licenciava o rude e o sujo.

Nosso conhecimento detalhado dela nesse contexto é limitado; em questões de democracia, a flecha do tempo não voa em uma linha previsivelmente clara. Mas sabemos que o substantivo usado pelos atenienses por quase dois séculos para descrever seu modo de vida — *dēmokratia* — era feminino. Também sabemos que a Atenas democrática tinha o apoio firme de uma divindade — uma deusa que recusou o casamento e a maternidade e foi abençoada com o poder de moldar as esperanças e os medos dos homens. Os atenienses fizeram mais do que imaginar sua política em termos femininos: a própria democracia foi comparada a uma mulher com qualidades divinas. Dēmokratia foi honrada e temida, uma figura transcendente abençoada com o poder de dar ou tirar a vida de seus suplicantes terrenos — os homens de Atenas. Foi por isso que uma frota de navios de guerra atenienses recebeu seu nome e que edifícios e locais públicos foram adornados com sua imagem.

No canto noroeste da praça pública conhecida como ágora, aninhada sob uma colina encimada por um grande templo que sobrevive até hoje, havia um impressionante edifício com colunas, um templo cívico conhecido como Stoa de Zeus Eleutherios. O interior foi decorado de maneira pomposa, com uma pintura gloriosa da Democracia e do Povo feita por um artista de Corinto chamado Eufránor. Como ele os retratou exatamente permanece um enigma. As pinturas não sobreviveram, mas servem como um lembrete do vínculo íntimo entre a democracia e o sagrado, e do papel vital da crença existente em Atenas de que uma deusa protegia sua política.

O argumento é enfatizado pela imagem sobrevivente mais famosa de Dēmokratia da antiga Atenas: esculpida em pedra acima de uma lei de 336 a.C., mostra a deusa adornando, protegendo e abrigando um homem barbudo idoso que representa o *demos*, o povo. Há evidências de que a deusa Dēmokratia atraiu um culto de seguidores e que seu santuário também estava localizado na ágora. Se isso for verdade, haveria um altar de pedra no qual os cidadãos, assistidos por uma sacerdotisa, faziam orações de gratidão e ofereciam sacrifícios, como bolos, vinho e mel, uma cabra abatida ou um cordeiro. Pode ter havido *theoxenia*, convites para a deusa imaginada jantar como convidada de honra, enquanto se reclina em um sofá esplêndido.

A sacerdotisa — obrigada a garantir que a deusa fosse respeitada — teria sido designada por uma importante família ateniense, ou nomeada ou escolhida por sorteio, talvez depois de um oráculo ter sido consultado. Como uma operadora feminina em um mundo de homens, a sacerdotisa tinha uma autoridade misteriosa que não podia ser profanada, sob o risco de punição, que ia desde a indiferença e difamação até o exílio e a morte. Em troca, a sacerdotisa ajudou a proteger a Atenas democrática do infortúnio.

O arranjo tinha um corolário: o mau comportamento da assembleia pública — por exemplo, decisões tolas de seus cidadãos proeminentes — tinha como risco uma reação em retorno, como o fracasso das colheitas de azeitona, o desaparecimento de peixes do mar ou, como veremos, o democídio: a autodestruição da democracia.

PARTE I

DEMOCRACIA DE ASSEMBLEIA

O EVENTO DE ABERTURA DA HISTÓRIA DA DEMOCRACIA contemplou o nascimento de assembleias públicas — reuniões em que os cidadãos livremente debatiam, concordavam, discordavam e decidiam por si mesmos, como iguais, sem interferência de líderes tribais, monarcas ou tiranos. Vamos chamá-lo de a era da democracia de assembleia.

As origens dessa época vêm envoltas em incerteza. Alguns tentaram inventar a história de que as raízes da democracia são rastreáveis até Atenas. A Grécia Antiga, dizem eles, é onde tudo começou.

A ideia de que a democracia foi feita em Atenas remonta ao século XIX, cortesia de figuras como o inglês George Grote (1794–1871), banqueiro, acadêmico, político e cofundador da University College London. De acordo com tal ideia, certa vez, na pequena cidade mediterrânea, foi inventada uma nova forma de governar. Chamando-a de *dēmokratia* — que para eles significava autogoverno, ou governo (*kratos*) pelo povo (*dēmos*) —, os cidadãos de Atenas a celebravam em canções e festas sazonais, em peças teatrais e vitórias de batalha, em assembleias mensais e procissões de orgulhosos cidadãos ostentando guirlandas de flores. Eles eram tão apaixonados por essa democracia, diz a história, que a defenderam com todas suas forças, especialmente quando lanças e espadas resvalavam suas gargantas. A genialidade e a coragem proporcionaram a Atenas a reputação de ser a fonte da democracia, responsável por dar asas à democracia, permitindo-lhe entregar seus dons à posteridade.

DE LESTE A OESTE

A lenda de Atenas ainda perdura na imaginação popular e é repetida por estudiosos, jornalistas, políticos e especialistas. Mas o ponto é este: a lenda é falsa.

Comecemos pela palavra em si. "Democracia" não havia sido usada por um escritor conhecido, mas, em meados do século V a.C., a palavra *dēmos* apareceu nas inscrições atenienses e na prosa literária; talvez tenha sido usada antes, mas poucas inscrições sobrevivem antes desse período, e a prosa escrita entre c. 460 e 430 a.C. foi perdida. Antifonte (c. 480–411 a.C.), um dos pioneiros da oratória pública, menciona em sua obra *On the Choreutes* o costume local de fazer oferendas à deusa Dēmokratia. O historiador Heródoto (c. 484–425 a.C.) fala dela. O mesmo acontece com o comandante militar e panfletário político ateniense Xenofonte (c. 430–354 a.C.), que não gosta do modo como a democracia enfraquece os oligarcas e aristocratas. Há também uma passagem importante sobre democracia em *As suplicantes*, uma tragédia de Ésquilo. Apresentada pela primeira vez por volta de 463 a.C. e uma grande favorita do público ateniense, relata uma reunião pública na qual "o ar se eriçou com as mãos, as mãos direitas erguidas, um voto completo, a democracia transformando a decisão em lei".

Até aqui, tudo é bem simples. Mas há evidências de que a palavra com a letra d é muito mais antiga do que os comentaristas da Atenas clássica estabeleceram. Sabemos agora que suas raízes são minimamente rastreáveis até a escrita Linear B dos micênicos, de sete a dez séculos antes. Essa civilização do final da Idade do Bronze concentrou-se na cidade fortificada de Micenas, localizada a sudoeste de Atenas, na atual região de cultivo de laranjas e oliveiras de Argólida. Por mais de trezentos anos, seus militares dominaram grande parte do sul da Grécia, Creta, as ilhas Cíclades e partes do sudoeste da Anatólia, no oeste da Ásia. Não está claro exatamente como e quando os micênicos começaram a usar a palavra de duas sílabas *dāmos* (ou *dāmo*) para se referir a um grupo de pessoas impotentes que antes possuíam terras em comum, ou palavras de três sílabas como *dāmokoi*, referente a um oficial que age em nome dos *dāmos*. Mas é possível que essas palavras, e a família de termos que usamos hoje quando falamos sobre democracia, tenham origens mais ao leste — por exemplo, nas antigas referências sumérias aos *dumu*, os filhos de uma localidade geográfica que compartilham laços familiares e interesses comuns.

Arqueólogos fizeram outra descoberta que contradiz a lenda de Atenas. Os primeiros modelos de democracia baseada em assembleias surgiram nas terras que correspondem geograficamente à Síria, ao Iraque e ao Irã contemporâneos. O costume de autogoverno popular foi posteriormente transportado para o Oriente, em direção ao subcontinente indiano, onde, por volta de 1500 a.C., surgiram as primeiras repúblicas baseadas em assembleias. Como veremos, as assembleias também viajaram para o Ocidente, primeiro para cidades fenícias como Biblos e Sidon, depois para Atenas, onde durante o século V a.C. se dizia com arrogância ser algo exclusivo do Ocidente, um sinal de sua superioridade sobre a "barbárie" politicamente depravada do Oriente.

As evidências sugerem que esse período começou por volta de 2500 a.C., na área geográfica que hoje é comumente conhecida como Oriente Médio. Ali, assembleias públicas se formavam nas vastas bacias fluviais esculpidas em colinas e montanhas desérticas pelos rios Tigre e Eufrates e seus afluentes, e nas cidades que surgiram pela primeira vez na história humana.

As antigas cidades sírio-mesopotâmicas de Larsa, Mari, Nabada, Nipur, Tutul, Ur, Babilônia e Uruk hoje lembram mais montes de terra cinza-acastanhada varridos pelo vento. Mas, por volta de 3200 a.C., elas eram centros de cultura e comércio. Seus templos imponentes, os famosos zigurates — muitas vezes construídos em maciços terraços de pedra ou gigantescas montanhas artificiais de tijolos secos ao sol —, faziam os viajantes suspirarem de prazer. Tipicamente situados no centro de uma zona irrigada, onde a terra era valiosa, esses lugares colheram a recompensa de drásticos aumentos locais na produção agrícola. Eles promoveram o crescimento de habilidades artesanais e administrativas especializadas, incluindo os copistas, que utilizavam estiletes de ponta retangular para produzir a escrita cuneiforme, e serviram como canais de comércio de longa distância de matérias-primas como cobre e prata.

As cidades variavam de quarenta até cerca de quatrocentos hectares; eram lotadas de uma maneira que nossa terra nunca antes conheceu. Sua dinâmica moldou todas as características da Síria-Mesopotâmia, incluindo seus padrões de governo. Acredita-se que os reis dominaram essa região durante esses séculos. Mas conflitos e tensões permanentes — sobre quem recebe quanto, quando e onde — moldaram a instituição da realeza em questões como propriedade da terra e comércio. Na verdade, os reis da época não eram monarcas absolutos — apesar do que historiadores posteriores com preconceitos ocidentais afirmaram. Evidências arqueológicas confirmam que, pelo menos 2 mil anos antes do experimento ateniense com a democracia, o poder e a autoridade dos reis eram restringidos pela pressão popular vinda de baixo, por meio de redes de instituições chamadas "assembleias". No vernáculo, eram conhecidas como *ukkin* em sumério e *pŭhrum* em acadiano.

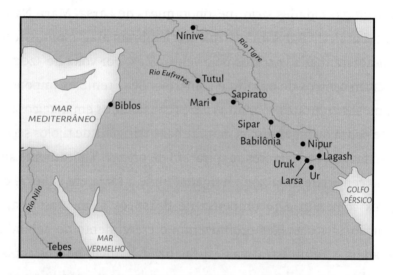

Estabelecidas em áreas de solo fértil e água abundante, as principais cidades antigas da Síria-Mesopotâmia foram berços do autogoverno por assembleias entre 3200 e 1000 a.C.

Devemos essa percepção — de que as assembleias funcionavam como um contrapeso ao poder real — ao estudioso dinamarquês Thorkild Jacobsen (1904–1993). Ele identificou o que chamou de "democracia primitiva" florescente em toda a Síria-Mesopotâmia, especialmente no início do segundo milênio na Babilônia e Assíria. Ele gostava de dizer que, para seus povos, a região se assemelhava a uma comunidade política de propriedade e governada por deuses, que se acreditava se reunirem em assembleias — com o auxílio de seres humanos, que formavam assembleias por imitação.

Havia alguma substância na ideia de Jacobsen de "democracia primitiva"? Existem dúvidas. A teleologia escondida na palavra "primitivo" — a inferência de que este foi o primeiro de seu tipo, um protótipo do que viria a seguir — suscita questões complicadas sobre as conexões históricas entre as assembleias dos mundos grego e mesopotâmico. Também supõe que, apesar das muitas diferenças no caráter e na prática da democracia ao longo do tempo e do espaço, há uma cadeia evolutiva ininterrupta que vincula a democracia baseada em assembleias e a democracia eleitoral moderna, como se os povos muito diferentes de Lagash, Mari e Babilônia fossem irmãos e irmãs de James Madison, Winston Churchill, Jawaharlal Nehru, Margaret Thatcher e Jacinda Ardern. Também há o risco de estender demais a palavra "democracia". Se termos como "democracia primitiva" (ou "protodemocracia", cunhado na mesma época pelo antropólogo polaco-americano Bronisław Malinowski) são usados com muita liberdade, caímos na armadilha de caracterizar muitas sociedades como "democráticas" apenas porque carecem de instituições centralizadas e monopólios de poder acumulados, ou porque proíbem a opressão violenta. As coisas não são ajudadas pelo uso anacrônico da palavra com origens na escrita Linear B, "democracia". E depois há a objeção menos óbvia, porém mais consequente: ao chamar as assembleias da Síria-Mesopotâmia de "primitivas", corre-se o risco de ignorar sua *originalidade*.

Mas o trabalho de Jacobsen continua importante porque nos lembra de que as antigas assembleias da Síria-Mesopotâmia são os fósseis presentes nas ruínas de Atenas e de outras democracias gregas, e as assembleias do mundo fenício posterior. Essas assembleias muito mais antigas da Síria-Mesopotâmia nos ensinam a repensar as origens da democracia. Elas nos convidam a ver que a democracia do tipo grego tinha raízes orientais e que as democracias de hoje estão em dívida com os primeiros experimentos de autogoverno de povos que foram, durante grande parte da história, descartados como incapazes de viver em democracia em qualquer sentido. *Ex oriente lux*: a lâmpada da democracia baseada na assembleia foi acesa pela primeira vez no Oriente, não no Ocidente.

Thorkild Jacobsen no Iraque fazendo anotações durante a limpeza de um grande quarteirão residencial nas ruínas da cidade suméria de Tell Asmar, 1931–1932.

IMITANDO OS DEUSES

Como eram essas assembleias? Como funcionavam? Aqui nos deparamos com algo fascinante e intrigante. Essas primeiras assembleias de cidadãos foram inspiradas em mitos que davam sentido e energia ao cotidiano das pessoas.

Para o povo da Síria-Mesopotâmia — como para os gregos 2 mil anos depois —, o cosmos era um universo cheio de conflitos manipulado por forças poderosas com personalidades individuais. Essas divindades emergiram do caos fluído do tempo primevo e deviam ser temidas porque controlavam tudo: montanhas, vales, pedras, estrelas, plantas, animais e seres humanos. Sua inconstância garantiu que a terra fosse periodicamente sacudida por tempestades, que causavam chuvas torrenciais e paralisavam as viagens transformando o solo em lama. Os rios locais se elevavam imprevisivelmente ao seu comando, quebrando barreiras e inundando plantações. Ventos abrasadores sufocaram as cidades em poeira asfixiante a mando das divindades.

O mundo inteiro estava em movimento, mas dizia-se que as divindades haviam conquistado uma importante vitória sobre os poderes do caos e haviam trabalhado arduamente para trazer energia e movimento ao mundo, para criar ordem por meio da integração dinâmica. O equilíbrio resultante foi a consequência de negociações que ocorreram em uma assembleia — um conselho divino que emitiu mandamentos para decidir os grandes eventos vindouros, também conhecidos como destino.

Contava-se que havia cerca de cinquenta deuses e deusas, mas os principais integravam um círculo restrito de sete. A figura mais influente era Anu, o deus do céu, um cavaleiro das tempestades que convocava a "assembleia ordenada dos grandes deuses". Acreditava-se que esses deuses tinham a capacidade de conceder alguns de seus poderes aos seres humanos. Seu favor poderia ser comprado. Na Síria-Mesopotâmia, ter contato com um deus elevava seu status. Cartas eram escritas para os deuses e festivais de procissões de lamento que os convocavam para agir despertavam o interesse popular. Em cada lar havia um santuário para o deus escolhido da casa, que era adorado e presenteado com oferendas diárias. A prática de imitar os métodos de autogoverno dos deuses deveria ter o mesmo efeito: ao emular sua capacidade de oratória e tomada de decisão coletiva, normalmente por meio de negociação e compromisso baseado em discussão pública, as artes terrenas de autogoverno poderiam florescer. Assim, na Síria-Mesopotâmia, o costume de se reunir para decidir as coisas tinha raízes pagãs e politeístas. Quando cidadãos de várias ocupações e posições se reuniam para considerar um ou outro assunto, eles pensavam em si mesmos como participantes do mundo das divindades, como suplicantes de sua benevolência.

Anu, também chamado An em sumério, era considerado a personificação divina do céu, o ancestral de todas as antigas divindades e demônios da Mesopotâmia, a fonte suprema de autoridade para os outros deuses e todos os governantes terrenos. Em pelo menos um texto, ele é descrito como a figura "que contém todo o universo".

O profundo preconceito cristão e moderno contra esse tipo de pensamento mítico garantiu mais tarde que as antigas assembleias da Síria-Mesopotâmia não fossem reconhecidas nas histórias da democracia. Algo mais desempenhou um papel nessa ignorância: a economia política da alfabetização. A escrita foi usada pela primeira vez para facilitar a contabilidade — cada vez mais complicada —, que se tornou vital para as cidades em expansão e as economias dos templos. A evidência sobrevivente sugere que, enquanto a escrita permitiu o nascimento de uma literatura significativa na Síria-Mesopotâmia, a alfabetização era limitada às elites. A manutenção de registros visava principalmente rastrear os negócios e o comércio e a administração de instituições públicas, como templos e palácios e, assim, era restrita às instituições governamentais e aos ricos. Isso teve o efeito de tornar as assembleias praticamente invisíveis para observadores posteriores. Paradoxalmente, o efeito foi intensificado pela força dessas assembleias: exatamente porque burocracias centralizadas, como o palácio, monopolizaram os registros econômicos e administrativos, a política descentralizada que ocorria nas assembleias não foi registrada — ou assim sugerem as evidências.

Acredita-se que as antigas palavras sumérias e acadianas para assembleia, *ukkin* e *pŭhrum*, se refiram, como em português, tanto a uma reunião informal de pessoas quanto a um corpo governante. Algumas delas eram rurais. Durante o segundo milênio, por exemplo, pastores do noroeste da Mesopotâmia que moravam em tendas se reuniam regularmente para discutir assuntos de interesse comum. Reuniões na cidade para ouvir disputas e emitir julgamentos legais eram comuns. O mandato das assembleias incluía o poder de pisar nos calos dos monarcas — como observado em um texto político chamado *Conselho a um príncipe*, uma tabuleta de argila recuperada da biblioteca mais antiga do mundo, em Nínive, no atual norte do Iraque. Escrito na Babilônia no final do segundo milênio a.C., advertia os monarcas de que os deuses e deusas não olhariam com bons olhos para sua intromissão nas liberdades da cidade e da vida no campo. Se um príncipe ganancioso "pegar prata dos cidadãos da Babilônia e colocá-la em seus próprios cofres" ou "ouvir uma ação judicial envolvendo homens da Babilônia, mas a tratar com frivolidade", Marduque, senhor do céu e da terra, "porá seus inimigos sobre ele [e] dará suas propriedades e riquezas ao seu inimigo". Penas semelhantes foram listadas para delitos como: a falta de atenção aos conselhos, a condenação imprópria ou a prisão injusta de cidadãos e tentativas de forçá-los a trabalhar nos campos ou templos. O texto lembrava aos príncipes, presentes e futuros, que as assembleias da Babilônia, Nipur e Sipar haviam estabelecido — com ajuda divina — imunidade contra governos despóticos ou arbitrários: "Anu, Enlil

Conselho a um príncipe foi copiado do texto original por volta de 700–650 a.C. e armazenado na Biblioteca de Assurbanipal, uma coleção de aproximadamente 30 mil textos de pedra descobertos na década de 1840 na antiga cidade assíria de Nínive.

e Ea, os grandes deuses que habitam o céu e a terra, em sua assembleia, afirmaram a liberdade daquelas pessoas de tais obrigações."[1]

Os céticos podem, compreensivelmente, perguntar: para os poderosos, as assembleias não eram ferramentas políticas poderosas e úteis — um ouvido no chão para os príncipes, de outra forma ensurdecidos pela distância de seus súditos? E as assembleias também não funcionaram como canais para mobilizar apoio em favor de políticas principescas — dando a elas mais do que uma chance de serem adotadas?

As assembleias eram, de fato, canais vitais de comunicação entre governantes e governados em pequenas comunidades, onde os governantes achavam praticamente impossível evitar se misturar com aqueles sobre quem exerciam o poder. Mas, como as democracias gregas que se seguiram mais de um milênio depois, as antigas assembleias da Síria-Mesopotâmia eram locais em que o aprendizado público, bem como a suspeita do poder e a arte do que mais tarde seria chamado de política (fazer julgamentos em público sobre quem recebe quanto, quando e como), era cultivado. No campo e na cidade, essas assembleias moldaram a vida das pessoas. Desempenharam um papel em assuntos que iam desde disputas por água e terra até questões de tributação e segurança pública. Com o tempo, assembleias populares foram sediadas dentro dos templos maiores das cidades. Esses templos, especialmente durante o primeiro milênio a.C., serviram não apenas como locais de culto, mas também como espaços de deliberação e proteção contra os exercícios arbitrários do poder governamental. Isso também era verdade para as assembleias locais dentro de uma cidade: cada bairro tinha sua assembleia de moradores, que também funcionava como um tribunal que ouvia e resolvia disputas entre vizinhos.

A qualidade policêntrica das antigas assembleias da Síria--Mesopotâmia garantiu que estas não fossem apenas órgãos de monarcas locais, dos templos ou de governantes imperiais ricos e poderosos. Elas eram uma força política formidável por si mesmas. Mas até que ponto elas eram inclusivas? Sabemos que a participação de algumas assembleias era genuinamente grande. Elas não eram seculares — a distinção entre o sagrado e o profano não era significativa para os povos da região, como não era para os gregos. Os anciãos de uma cidade normalmente desempenhavam um papel de orientação. Embora as evidências sejam escassas, parece duvidoso que as mulheres tenham sido regularmente incluídas. Escravizados e crianças normalmente não tinham voz. Mas há um registro de um escravizado doméstico participando de uma assembleia na cidade mercantil de Kanesh. Do período da Antiga Babilônia (1700 a.C.) há também um registro de uma assembleia com a presença de todos os moradores — homens e mulheres de todas as origens e ocupações — de um posto avançado no Eufrates chamado Haradum, cujo prefeito, Habasanu, foi acusado de desvio de dinheiro dos contribuintes.[2] Em outros lugares, oleiros, jardineiros, caçadores de pássaros e soldados a serviço do templo local estavam entre os "plebeus" que se sentavam regularmente em assembleias. Havia reuniões convocadas por ofícios ou profissões específicas, como os comerciantes. Existem até mesmo algumas evidências interessantes, exatamente na mesma época em que a democracia ateniense estava florescendo, sugerindo a existência de associações autogovernadas de estrangeiros, como as assembleias de egípcios e outros imigrantes na Babilônia do século V. Tais assembleias nunca aconteceram em Atenas.

BIBLOS E UM ROLO DE PAPIRO

Essas primeiras assembleias se mostraram geograficamente contagiosas. Elas se espalharam pelo Oriente, no que é hoje o subcontinente indiano, onde em algum momento depois de 1500 a.C., no início do período védico — mil anos antes da democracia ateniense — as repúblicas governadas por assembleias tornaram-se comuns.[3] Graças ao comércio fluvial e às rotas de caravanas que se infiltraram nas cidades sírio-mesopotâmicas como Mari, Tutul e Nabada, o costume de deliberações em assembleia migrou para o Ocidente, em direção às costas mediterrâneas que passaram a ser controladas pelos povos do mar fenício, bem como em direção de nossos primos gregos, que descaradamente reivindicaram para si a honra de inventar as assembleias dando-lhes um novo nome: democracia.

Um raro rolo de papiro descoberto no final do século XIX, milagrosamente preservado nas areias do deserto do Egito, revela o importante papel que os fenícios desempenharam em manter as assembleias vivas. Ele documenta os infortúnios de um diplomata chamado Wen-Amon, da cidade de Tebas. Ele viajou por mar por volta de 1100 a.C. até o próspero porto fenício de Biblos, 700km a leste de Atenas. Lá, seu enviado deveria comprar de comerciantes locais madeira de boa qualidade extraída das florestas de cedros das montanhas próximas. A transação era simples: com a permissão do príncipe local, o cedro seria carregado em um navio por escravizados, transportado para o extremo leste do mar Mediterrâneo, descarregado em Tebas e transformado pelos melhores artesãos locais em uma barcaça fluvial, para ser utilizada na frota sagrada do governante egípcio Ramsés XI (c. 1100–1070 a.C.), em homenagem a Amon, o deus da fertilidade e patrono dos faraós.

Apesar das prolongadas disputas sobre o pagamento e atrasos causados pela neve do inverno, a madeira acabou sendo transportada por uma equipe de trezentos bois e carregada no navio ancorado no porto de Biblos. Mas, horas antes de zarpar, as divindades inconstantes o atacaram. O pobre Wen-Amon e sua tripulação se viram cercados por uma frota hostil de onze navios tripulados pelo povo vizinho Theker. Incomodados com suas negociações, eles exigiram sua prisão pelas autoridades locais. Uma grande multidão, extremamente agitada, reuniu-se ao redor do porto em forma de meia-lua. Uma mensagem foi enviada por um mensageiro ao príncipe local, Zakar-Ba'al, chamando-o para resolver a crise. A confusão reinou. Wen-Amon e sua tripulação temiam por suas vidas.

O príncipe chegou ao porto. Para acalmar os ânimos, ele forneceu ao enviado jarros de vinho, uma ovelha para assar e uma cantora para espalhar alegria. O príncipe informou a Wen-Amon que queria avaliar a disputa e considerar suas opções durante a noite. "Quando amanheceu", diz o documento raro, Zakar-Ba'al "teve seu *mw-'dwt* convocado, e ele ficou no meio deles e disse aos de Theker: 'Por que viestes?'"[4]

O documento registra que Wen-Amon e seus homens foram escoltados em segurança para além do porto, onde ventos fortes encheram suas velas, dando-lhes uma vantagem sobre os piratas de Theker. O resto do que aconteceu em Biblos permanece obscuro, o que não importa muito aqui, porque os detalhes são desinteressantes, se comparados à estranha palavrinha — *mw-'dwt* — que aparece no texto. Alguns arqueólogos deixam esse substantivo masculino na forma de transcrição ⸛⸛ ou o traduzem, enganosamente, como "guarda-costas". Na verdade, é uma antiga palavra semítica para "assembleia" ou "conselho" (*mô'ēd* em hebraico), e é usada em passagens bíblicas, como a referência àqueles que são "famosos na congregação", os "homens de renome" que se reúnem "na assembleia" (Números 16:2). A mesma palavra surge em Êxodo 27:21, onde Moisés ordena aos israelitas que busquem azeite feito de azeitonas trituradas à mão: "Arão e seus filhos providenciarão (as lâmpadas para queimar), da tarde até a manhã, na presença de Deus, na tenda da assembleia."

Fragmento de papiro do relatório de Wen-Amon, descoberto em 1890 em Al-Hibah, Egito, e comprado um ano depois pelo egiptólogo russo Vladimir Goleniščev. Está agora na coleção do Museu Estatal Pushkin de Belas-Artes, em Moscou.

ASSEMBLEIAS DA GRÉCIA ANTIGA

A história de Wen-Amon diz que uma espécie de autogoverno existia cinco séculos antes do experimento ateniense com a democracia. Na época de sua expedição, Biblos — mais tarde chamada Gebal e hoje conhecida como Jbeil, localizada na conturbada república do

Líbano — era uma pequena, mas próspera cidade-Estado marítima. Sua reputação era elevada no mundo antigo do Mediterrâneo, não apenas por sua madeira e papel — algumas palavras preciosas como "livro" (*biblìon* = livreto), "Bíblia" (*biblos* = papiro, pergaminho) e "bibliografia" são associadas a ela —, mas também pelo seu sistema de governo por assembleia. Chega até a ser mencionado na Bíblia, onde a região é descrita como zona de livre negócio e comércio. "Tuas fronteiras estão no meio dos mares", diz uma passagem bem conhecida, que fala não apenas dos preciosos trigo, mel, óleo e bálsamo da terra de Israel e mastros de navios de alta qualidade talhados dos antigos cedros do Líbano, mas também de uma assembleia composta pelos "anciãos de Gebal e seus sábios" (Ezequiel 27:9).

A história de Wen-Amon evidencia um ponto mais geral: graças aos fenícios, as assembleias democráticas se enraizaram entre os estados cidadãos de língua grega espalhados pelo Mediterrâneo. Essas assembleias inicialmente floresceram bem separadas de Atenas — certamente bem antes da última década do século VI a.C., quando os cidadãos daquela cidade começaram a construir uma democracia. A evidência dessas primeiras assembleias foi devastada pelo tempo. Os fragmentos que sobreviveram não foram abençoados com os mesmos esforços de ressuscitação arqueológica aplicados a Atenas. As coisas pioraram pela organização desleixada de museus subfinanciados e pelo furto privado dos tesouros de suas coleções. No entanto, vestígios de evidências confiáveis ainda permanecem — como a referência aos *"dēmos"* em uma rocha vulcânica avermelhada, encontrada no sul de Chios e datada de 575–550 a.C., e um pequeno bloco de xisto cinza do templo de Apolo Delfino em Dreros, datado de 650–600 a.C. Esse pedaço de pedra é de grande interesse porque pode ser a mais antiga lei grega sobrevivente e a primeira a mencionar os *"damioi"*, um órgão envolvido na decisão de assuntos de interesse comum para a cidade.

> A lei de Dreros, esculpida nesta pedra, diz: "A cidade assim decidiu; quando um homem foi um *kosmos*, o mesmo homem não será um *kosmos* novamente por dez anos. Se ele agir como um *kosmos*, quaisquer que sejam os julgamentos que faça, ele deverá o dobro e perderá seus direitos ao cargo enquanto viver, e tudo o que fizer como *kosmos* não será nada. Os juramentados serão o *kosmos*, os *damioi* e os vinte da cidade."

Agora sabemos que havia no total cerca de duzentos estados cidadãos gregos, como Dreros e Chios. Pelo menos metade deles provou a democracia em um momento ou outro. Os detalhes desses primeiros *dēmokratiai*, como eram conhecidos localmente, não são boas notícias para os democratas de hoje. Sofreram derrota e destruição, quer por conquista militar, quer por conspirações dos ricos, quer por tiranos obstinados — ou por todas as três forças, em alguma combinação ou sequência. Sua má sorte nos lembra da total contingência da democracia — da facilidade com que ela pode ser espalhada pelos ventos.

Mas houve muitos que resistiram, alguns deles anteriores a Atenas por mais de uma geração. Essas assembleias resilientes nos ensinam a considerar a ampla variedade de maneiras pelas quais a democracia pode ser construída e sobreviver às dificuldades. Elas também nos alertam para a incrível diversidade de espécies de democracia de assembleia. Considere o próspero estado insular de Chios, localizado a apenas 8km da costa da Ásia, onde, por volta de 575-550 a.C., uma democracia marítima foi fundada. A política dependia de uma população considerável de trabalho escravizado engajada na viticultura e de uma elite que exportava aquele vinho e negociava mercadorias. Os ricos proprietários de terras tinham considerável influência política e é provável que tentassem impor sua vontade a um conselho de magistrados, um órgão que os habitantes da ilha chamavam de *boule demosie* — razão pela qual uma placa de pedra em exposição pública lembrava diariamente a aristocracia a se comportar e que a palavra final em assuntos públicos pertencia aos *dēmos*.

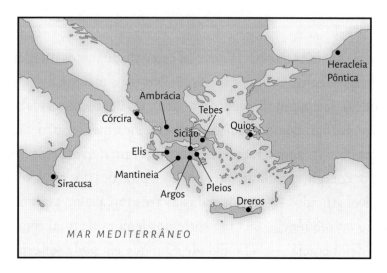

As democracias gregas antigas que datam do século VII a.C. incluíam estados cidadãos tanto no continente quanto nas ilhas do Mediterrâneo.

Entre os casos mais antigos e fascinantes da democracia grega, está o estado cidadão de Ambracia, fundado pelos coríntios. A colônia foi estabelecida em algum momento entre 650 e 625 a.C., na curva de um rio navegável a poucos quilômetros do mar, no meio de uma planície arborizada fértil. O autogoverno por assembleia pública data de cerca de 580 a.C. — mais de setenta anos antes da convocação da assembleia em Atenas. Fiel à regra de que os estados democráticos raramente são fundados democraticamente, a democracia baseada em assembleias de Ambrácia nasceu de uma revolta contra o duro governo do ditador Periandro. Ele aparentemente despertou indignação generalizada depois que circularam rumores de que, durante uma sessão de bebedeira, ele perguntou ao seu jovem amante se ele já havia engravidado. O descaso causado por essa observação em uma sociedade tolerante à homossexualidade masculina, mas ambivalente em relação às mulheres, é pouco compreensível para nós. O insulto foi tão grave que parece ter feito com que o amante desprezado de Periandro tramasse um plano para derrubar o governante. Ele galvanizou uma coalizão de *dēmos* locais e inimigos de Periandro — presumivelmente proprietários insatisfeitos. Segundo Aristóteles: "O *dēmos* juntou-se aos inimigos do tirano Periandro para expulsá-lo e depois assumiu a própria constituição."[5]

O governo dirigido pelos homens mais pobres aconteceu em todo o mundo grego — como na próspera cidade siciliana de Siracusa, onde a democracia nasceu por volta de 491 a.C. com uma revolta contra os proprietários de terras dominantes (chamada *hoi gamoroi*). Praticamente todas as outras cidades da Sicília seguiram o exemplo; tirania, oligarquia e monarquia, as três principais alternativas políticas do período, sofreram uma derrota generalizada durante o século V. Na década de 460 a.C., o autogoverno popular também havia chegado a várias cidades no sul da Itália, à ilha jônica de Córcira (atual Corfu) e ao continente do Peloponeso. De um de seus estados, Elis, vem uma inscrição intrigante, o final de uma longa lei que data provavelmente dos primeiros anos do século V a.C. Mostra que, em Elis, as leis escritas poderiam ser substituídas não por uma sentença judicial (*dika*), mas apenas por meio de uma promulgação pública que tivesse o consentimento de um corpo chamado "todo o povo reunido" (*damos plethion*).

Por algum tempo, a vizinha Mantineia também foi uma vibrante democracia agrícola governada por uma classe de pequenos proprietários chamada *dēmos ho georgikos* — um grupo social que era a espinha dorsal do melhor e mais antigo tipo de democracia, na opinião de Aristóteles. Em Mantineia, como em talvez cem outros estados cidadãos do mundo grego, a democracia de assembleia provou ser uma nova cura para a tirania e o abuso de poder — um novo método de autogoverno que foi praticado em toda a região, incluindo o mais famoso em Atenas, onde, durante o curso do século V a.C., a democracia passou a significar o governo por uma assembleia de cidadãos adultos do sexo masculino.

A ASCENSÃO DA DEMOCRACIA ATENIENSE

Como era a vida em Atenas, outrora considerada o berço da democracia de assembleia? Por volta de 507 a.C., quando começou a transição para a democracia, sua população residente era de cerca de 30 mil homens, escravizados, mulheres e crianças. À medida que a democracia se enraizou, esse número dobrou. Estava lotada com dezenas de milhares de residentes estrangeiros, chamados *metics*, e por comerciantes e viajantes que atravessavam seus portões anualmente, passando por suas ruas sinuosas e tortuosas e entrando nos braços de uma cidade que os locais pensavam ter sido abençoada pelas divindades.

O Pnyx, um anfiteatro ao ar livre em forma de tigela em uma colina com vista para a cidade, era onde sua assembleia se reunia. Os cidadãos atenienses também tinham outro espaço público: a ágora, localizada abaixo da encosta noroeste da Acrópole. Essa praça da cidade era considerada o centro de sua cidade-Estado, que se tornou a mais poderosa do mundo grego. E eles se consideravam, com orgulho, uma democracia. Com isso, os democratas de Atenas queriam dizer que sua política era de propriedade coletiva: não apenas homens de famílias ou riquezas proeminentes, mas também carpinteiros, fazendeiros, construtores de navios, marinheiros, sapateiros, vendedores de especiarias e ferreiros. A democracia era valorizada como uma forma de governo em que o povo governava em pé de igualdade, os cidadãos reunindo-se e resgatando-se, de maneira coletiva

A Acrópole de Atenas (1846), uma imagem idealizada da Atenas democrática em seu auge, retrata cidadãos abastados e bem-educados reunidos na ágora, abaixo do Partenon e da Acrópole (que ostenta em seu topo a colossal estátua de Atena).

e individual, da ruína natural provocada pela passagem do tempo e a progressão para a morte. Ao combater a fragilidade humana, lugares como a ágora e o Pnyx funcionavam como abrigos públicos. Eles forneciam um sentido do que os atenienses chamavam de *aidós*: bem-estar significativo e respeito mútuo. Era como se esses espaços públicos infundissem nos cidadãos um senso de realidade alicerçada, diariamente confirmada pela presença de outros. Isso é o que o melancólico "filósofo chorão" Heráclito (c. 540–480 a.C.) quis dizer quando disse que os acordados compartilhavam um mundo público comum, enquanto aqueles que não se interessavam pelos assuntos da cidade estavam, na verdade, adormecidos, dando as costas para a política para perseguir interesses privados.

A democracia ateniense não era secular em nenhum sentido europeu moderno conhecido. Os atuais defensores da "democracia deliberativa" e assembleias cidadãs muitas vezes afirmam que suas propostas são fiéis ao espírito fundador da democracia de estilo ateniense, mas isso é esquecer que todo o *ethos* da democracia de assembleia misturava o sagrado e o profano, a ponto em que falar da separação entre religião e política não faria sentido para os atenienses. Sua democracia tinha espaço para dissidentes, certamente. No início dos anos 440 a.C., o primeiro sofista, Protágoras de Abdera (481–411 a.C.), disse aos atenienses que o homem era a medida de todas as coisas — incluindo as divindades, que talvez existissem apenas na mente dos homens. Outros provavelmente concordaram ou ponderaram o mesmo pensamento em silêncio. Mas a realidade era que a democracia ateniense era amplamente vista através de olhos sobrenaturais. Os atenienses aprenderam desde cedo, por meio de cultos religiosos e rituais praticados dentro de suas casas, que a vida estava ancorada em um universo politeísta de deuses e deusas — e que essa comunidade de divindades infundia na democracia terrena um forte senso de padrões sagrados.

Como na Síria-Mesopotâmia, os cidadãos de Atenas depositavam grandes esperanças em suas divindades. Eles também as temiam. O julgamento público e execução do filósofo Sócrates em 399 a.C. por importar deuses falsos para a cidade e por corromper impiedosamente sua juventude, confirmou que os indivíduos que desprezavam as divindades reconhecidas sofreriam punições severas. Os sacerdotes e anciãos adoravam lembrar aos cidadãos uma história tirada originalmente de Homero: que na entrada da casa de Zeus, o deus da liberdade, havia dois grandes barris; destes dava o mal a alguns recém-chegados, o bem a outros, e aos restantes algumas conchas de bem de um barril e um pouco de mal do outro. Tais contos colocavam toda a cidade sob tensão.

Podemos zombar desses sentimentos profundos pelo sagrado, mas muitos cidadãos de Atenas realmente criam que deuses como Zeus puniriam a política — por exemplo, trazendo mau tempo ou colheitas fracassadas, ou a morte de carvalhos — se seus membros se comportassem injustamente.

O temor aos deuses e deusas dos atenienses tinha um outro lado, pois eles acreditavam que as divindades davam confiança aos mortais. As divindades orientavam, ofereciam proteção e imbuíam de significado a vida dos devotos. Deixando bem claro: elas ajudavam os atenienses a lidar com as contingências da vida. Sua presença não apenas explicava desastres naturais e eventos inexplicáveis, como secas e epidemias; eles poderiam vir em socorro, especialmente em situações complicadas, quando soluções sábias para os problemas tinham de ser encontradas. Eles também ajudavam a definir as questões vitais. A adivinhação — aproximar-se de deuses e deusas, ou consultar os oráculos femininos, cujo trabalho era transmitir mensagens das divindades — lembrava aos cidadãos de sua mortalidade e de sua necessidade de humildade. As divindades alertavam diariamente os atenienses para a necessidade de praticar a delicada arte de abordar pacificamente aqueles que pudessem se mostrar caprichosos ou perigosos, negociando com eles e tomando decisões baseadas na confiança e no respeito mútuos. A adivinhação também serviu como um freio para os líderes presunçosos ou teimosos demais para considerar os outros. Essa prática colocou o poder sob controle.

Havia uma notável semelhança entre os métodos de adivinhação e a democracia. Havia muitos deuses e deusas atenienses, mas nenhuma revelação clara, nenhum livro sagrado, nenhum credo oficial. As divindades eram partidárias — conspiravam e tomavam partido —, mas estavam abertas à persuasão; havia espaço para negociar com elas. Assim como as divindades tinham que ser abordadas, consultadas, e seus conselhos deviam interpretados antes que as decisões pudessem ser tomadas, a democracia era uma prática em que os cidadãos se sentiam movidos a se reunir respeitosamente em público para decidir como iguais como deveriam viver juntos em face de uma incerteza mais ampla. A relação entre as divindades e os seres humanos era desigual; os deuses e deusas tinham o poder de incomodar ou destruir os seres humanos. Mas foi exatamente esse desequilíbrio de poder que tornou necessário que os cidadãos na ágora agradassem às divindades imitando seus costumes.

GÊNERO, ESCRAVIDÃO E PODER

A adoração da deusa Dēmokratia fazia parte dessa equação. A democracia ateniense era um assunto profundamente de gênero.

A democracia era protegida por uma deusa, mas muitos cidadãos do sexo masculino ainda supunham uma divisão nítida entre a vida pública da ágora e a privacidade do lar — onde as mulheres engravidavam e sofriam as dores dilacerantes do parto; seus filhos eram criados com histórias e mitos, ensinados a ler e escrever; e a limpeza, a preparação de alimentos e outras tarefas diárias eram feitas com a ajuda de serva domésticas. O bom cidadão veio equipado com um falo, o que nos lembra também que havia conexões profundas entre homossexualidade e democracia em sua forma ateniense. Sua democracia era uma falocracia. Servidos por subalternos, os homens se uniram e governaram como iguais. Eles formaram associações e passavam muito tempo juntos em público. Eles extraíam prazer de seus esforços para enfeitar os meninos para a vida pública. Homens se misturavam, davam as mãos e se beijavam na companhia de outros. A demonstração de afeto e amor masculino estava ligada à intensa busca da beleza física, à luxúria do prazer e à profunda aversão ao envelhecimento — às custas de mulheres e escravizados.

Todo o sistema da democracia ateniense dependia da escravidão. Esse fato mais tarde atormentou os democratas, como veremos. Mas em Atenas as conexões eram tão profundas e amplas que um observador externo poderia ter sido perdoado por pensar que a democracia era um álibi inteligente para a escravização de muitos por poucos. O mesmo observador pode ter visto que dentro da democracia ateniense alguns cidadãos ficaram mais ricos, dando-lhes os meios para importar e adquirir escravizados, especialmente para trabalhar na agricultura, manufatura e mineração. Foi por isso que o crescimento da democracia andou de mãos dadas com a expansão da escravidão — e por que possuir escravizados era um benefício muito valioso da cidadania.

A deusa Dēmokratia coroando o Dēmos personificado — o povo — em um relevo ateniense datado de cerca de 336 a.C.

A escravidão, é claro, antecedeu a democracia, e havia muitos tipos de escravizados, mas ser cidadão significava estar acima de um escravizado, que era *apenas* um ser humano (*anthropos*). Não havia partidos políticos ou sindicatos na Atenas democrática. Os escravizados eram propriedade dos cidadãos. Eles podiam ser comprados e vendidos, legados ou confiscados, violentados ou espancados, de acordo com os caprichos de seus senhores. Nas casas mais ricas, as escravas trabalhavam como servas, cozinheiras, padeiras, costureiras, tricoteiras e cabeleireiras; escravizados eram servos, administradores, porteiros e acompanhantes dos filhos do sexo masculino. Enquanto isso, artistas, dançarinos e prostitutas, homens e mulheres, atendiam às necessidades carnais dos cidadãos, seja em bordéis baratos ou no ambiente luxuoso de simpósios* regados a bebida.

---

* Na Grécia antiga, a segunda parte de um banquete ou festim em que os convivas bebiam, conversavam e dedicavam-se a vários jogos e outros divertimentos. (N. da T.)

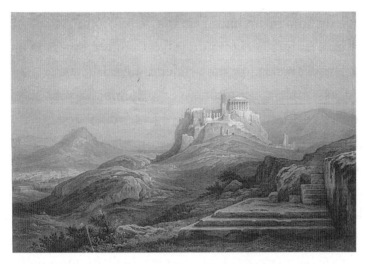

A plataforma dos oradores no Pnyx, à vista da Acrópole, era onde, às vezes, longos discursos eram entregues à assembleia.

A reclamação de Platão parece exagerada. Há muitas evidências remanescentes da autodisciplina dos cidadãos. Eles estavam bem cientes dos perigos das contendas violentas (chamavam-nas de *stasis*), e não há dúvida de que, dentro da assembleia, a violência ameaçada ou real não era tolerada. Arautos bem treinados e destacamentos de arqueiros e escravizados geralmente estavam à disposição para fazer cumprir as regras e os costumes. Os cidadãos, sentados ao redor de uma rocha, apoiados nos cotovelos ou deitados em almofadas trazidas de casa, esperavam que os outros respeitassem a obrigação de falar espontaneamente, de negociar o que chamavam de fala franca, ou *parrhēsia*. Havia piadas dirigidas aos ricos e acusações de comportamento privado desonroso. Falava-se de corrupção e sinais de inquietação sobre o tipo de arrogância cega chamada *hybris*. As sessões eram salpicadas de sátira: os oradores geralmente persuadiam os outros os fazendo rir. Havia traquinagens e momentos de autozombaria. Algumas sessões lembravam a cena final de uma sátira muito amada de Aristófanes (445–385 a.C.), *Os cavaleiros*, na qual a figura do velho Dēmos é espetada e empurrada por um escravizado e um vendedor de salsichas.[7]

Mas a assembleia era muitas vezes dominada pela sobriedade. Os oradores emitiam lembretes de que ser cidadão significava ser "semelhante e igual" aos outros. Costumava-se dizer que a democracia era um tipo especial de governo que permitia a cada cidadão gozar de *isonomia* (igualdade perante a lei), o direito de falar e a liberdade de "governar e ser governado por sua vez". O espírito da democracia foi resumido pelo habilidoso orador e filósofo pré-socrático Demócrito (c. 460–370 a.C.). Ele gostava de dizer que a política bem administrada é a mais forte proteção contra a ganância e a loucura humanas; se a política está segura, tudo está seguro, ao passo que, se ela está perdida, tudo está perdido. A democracia é a melhor forma de política porque garante uma fala franca. É difícil para o tolo e para o arrogante. A fala franca fomenta o espírito de igualdade e a ajuda mútua; contraria desejos e ambições egoístas com alegria (*euthymia*). Segundo Demócrito, a democracia — ao proteger o discurso franco — garante que os erros de homens que ocuparam cargos políticos sejam lembrados por mais tempo do que seus acertos.

DEMOCRACIA DIRETA?

A celebração do discurso franco na assembleia ateniense foi combinada com hostilidade às facções e suspeita de facções políticas em particular. Não havia grande amor pelo governo da maioria; a preferência era pela tomada de decisão por consenso. Até mesmo o voto (*diaphora*) era visto com alguma suspeita, porque significava desacordo e divisão na política. A guerra civil era um medo constante. Atenas era uma democracia sem partido que sonhava em chegar a decisões unânimes por meio de debate público que produzisse decisões inquestionavelmente boas.

David Van Reybrouck, autor de *Contra as eleições* (2016) e defensor da democracia deliberativa, observando uma reunião da primeira assembleia nacional de cidadãos da Bélgica, a *G1000 Citizens' Summit*, realizada em 11 de novembro de 2011.

Essa crença no poder vinculante da assembleia pública mais tarde passou a ser vista como a maior vantagem da democracia "direta" ou "pura". Os amigos contemporâneos da democracia deliberativa, aqueles que dizem que sua quintessência é a deliberação pública fria por parte dos cidadãos, lembram a democracia ateniense como uma forma de governo não apenas do povo e para o povo, mas também pelo povo — em grau muito maior, e muito mais significativa, do que nos grandes estados e organizações não governamentais de hoje. Tal pensamento é rastreável ao pensador político genebrino do século XVIII, Jean-Jacques Rousseau (1712–1778). Ele afirmou: "Entre os gregos, tudo o que o povo tinha que fazer, eles mesmos faziam. Encontravam-se constantemente em assembleia pública. Viviam em um clima ameno. Não eram gananciosos. Os escravizados faziam todo o trabalho necessário. A principal preocupação do povo era com sua própria liberdade."[8]

Não importa a escravidão, a subordinação das mulheres ou a crença nas divindades e o fato de Atenas não ter sido o berço da democracia de assembleia. Os adeptos da democracia direta normalmente ignoram o ponto de que "o povo" não pode governar na prática, a menos que representantes escolhidos tenham poderes para lidar com certas tarefas em seu nome. Exatamente porque todos os cidadãos não podem estar no mesmo lugar ao mesmo tempo para tratar de assuntos diversos, a democracia exige delegação. A especialização das tarefas mostra que "o povo" nunca pode atuar como um corpo indiviso. Tal grupo pode tentar imaginar-se ombro a ombro, ouvindo de orelha a orelha. Mas o autogoverno requer delegados, cujas decisões em nome do grupo invariavelmente desencadeiam tensões políticas entre os cidadãos.

A democracia de assembleia de Atenas ilustra essas dinâmicas inevitáveis de representação. Vamos analisá-las com mais detalhes nas próximas páginas, mas por enquanto basta dizer que, apesar de todos os elogios às suas qualidades exemplares como uma democracia "direta" ou "participativa", vários tipos de instituições mediadoras ficaram no caminho da ficção de que Atenas era um sistema baseado no governo direto do *dēmos* soberano. Um deles era o poderoso corpo conhecido pelos atenienses como Areópago, a sede da mais antiga e augusta corte de Atenas, uma espécie de Câmara dos Lordes do século V.

Em seguida, considere a maneira como, em nome dos *dēmos*, os atenienses cumpriam deveres de maneira vicária para os outros. Cada cidadão era elegível para um ano de serviço a um órgão conhecido como Conselho dos Quinhentos. Seus cidadãos-senadores certamente não eram representantes parlamentares em nosso sentido moderno: obrigados a prestar juramento para servir fielmente aos *dēmos*, eles não tinham poder direto para fazer ou alterar leis. Em vez disso, eles se assemelhavam a um grupo de direção ou a um executivo de supervisão, cujo principal trabalho era redigir e orientar a legislação para a assembleia. As outras funções do conselho mudaram ao longo do tempo, mas incluíam tarefas essenciais como a inspeção de navios, da cavalaria e o exame minucioso de funcionários recém-atribuídos para determinar sua adequação ao cargo em um processo conhecido como *dokimasia*. Julgava magistrados acusados de irregularidades e trabalhou com órgãos públicos responsáveis por questões como arrendamento de minas e venda de bens confiscados.

O Conselho, que funcionava de forma rotativa, também elegia por sorteio um pequeno grupo interno de cinquenta senadores conhecido como *prytaneis*. Com 30 anos ou mais, esses senadores eram pagos para supervisionar a administração cotidiana do governo, bem como para resolver disputas entre os cidadãos. Esperava-se que servissem durante um décimo do ano (um *prytany*) e às vezes trabalhassem durante a noite. Enquanto Atenas dormia, esses senadores pagos vigiavam a cidade.

Dessa e de outras formas, os cidadãos de Atenas, em nome do povo, colocaram seus interesses nas mãos de outros. O curioso é que a palavra "representação" e seus significados mais modernos eram desconhecidos dos atenienses. Somente no século XIX os gregos passaram a ter uma palavra — *antiprosopos* — para falar diretamente sobre "representação", que inicialmente tinha o significado bastante estranho de estar diante ou em frente a alguém ou algo, por exemplo, um inimigo ou oponente no campo de batalha. A assembleia ateniense às vezes falava de um "mensageiro designado", como um enviado ou embaixador, cujo trabalho era transmitir decisões ou pedidos a uma potência estrangeira. Eles também tinham uma palavra para "guardião" ou "administrador", a quem era confiada a supervisão dos arranjos já acordados pelos cidadãos. No entanto, a palavra "representação" não estava em seu dicionário político.

Uma máquina de seleção aleatória conhecida como *kleroterion*, usada para escolher os jurados para servir nos vários tribunais de Atenas.

A questão da linguagem é importante, porque era como se os atenienses não pudessem dizer com exatidão o que estavam fazendo. Eles também não tinham léxico para entender o que mais tarde seria chamado de separação de poderes, ainda que a demarcação e o dispêndio de cargos políticos fossem corriqueiros. Atenas não tinha serviço público ou burocracia no sentido de hoje, mas cerca de setecentos funcionários eram empregados anualmente na administração. Havia inspetores do comércio e avaliadores de pesos e medidas, cujo trabalho era proteger os compradores de produtos no mercado. Os magistrados da cidade, auxiliados por escravizados, lidavam com manutenção de prédios públicos, policiamento das ruas e remoção de lixo. Embaixadores eram enviados ao exterior para defender os interesses de Atenas. Os jurados tinham de ser designados para os tribunais, e os magistrados, para os escritórios.

O serviço como jurado era esperado de todos os cidadãos do sexo masculino com 30 anos ou mais. Atenas tinha um sistema de tribunais conhecido como *dikasteria*. A palavra da qual derivava, *dikastes*, significava jurado e juiz. Era uma democracia sem advogados. Nenhum juiz treinado presidia. Os magistrados responsáveis eram amadores. O mandato de um ano, que ocupavam apenas uma vez na vida, envolvia funções administrativas não questões de substância jurídica. O direito não era visto como o Direito, domínio especial de uma classe privilegiada de juristas — era considerado simplesmente como um conjunto de regras feitas e aplicadas pelos próprios jurados. Não havia constituição escrita para orientar a deliberação; os delegados decidiam o que era certo e errado em cada caso.

BANINDO OS DEMAGOGOS

Foi por meio desses arranjos que os cidadãos de Atenas, quando julgados por nossos padrões, tiveram uma sensibilidade aguda à manipulação astuta, tanto de dentro quanto de fora da assembleia. Na ausência de partidos políticos e eleições periódicas, eles experimentavam muitas maneiras diferentes de colocar freios e contrapesos públicos no exercício do poder. Considere o costume de *graphē paranómōn*, um procedimento pelo qual os cidadãos, sob juramento, ajuizavam ações contra leis propostas ou reais que supostamente se baseavam em decisões precipitadas e em violação das leis existentes. Ou *ostrakismos* (ostracismo), um precursor dos métodos modernos para garantir mandatos limitados aos titulares políticos. Essa era uma tática para bloquear a ascensão de demagogos, conspiradores e tiranos, banindo indevidamente líderes populares da cidade por dez anos, se um número mínimo de eleitores favorecesse a expulsão. Os banidos recebiam dez dias para deixar a cidade. O demagogo adequadamente chamado Hiperbolo estava entre eles; em 416–415 a.C., ele foi banido para a ilha de Samos, onde vários anos depois foi assassinado, levando a assembleia a acabar com a prática.

Em seu auge, o ostracismo era um método democrático de defender a democracia contra o excesso democrático. A palavra em si significava "julgamento por cacos", por que os fragmentos ou cacos de barro (*ostraka*), os materiais de escrita mais baratos disponíveis, eram usados como cédulas para votar contra pretensos demagogos, cidadãos ardilosos suspeitos de querer muito poder. Uma vez por ano, a assembleia se reunia para decidir se havia potenciais oligarcas em seu meio — na verdade, era uma disputa de impopularidade. Se a maioria do quórum de 6 mil decidisse que havia, então um dia e hora eram marcados, geralmente dois meses depois, para uma audiência perante a assembleia. Como era do interesse tanto dos amigos quanto dos adversários dos candidatos ao ostracismo — quem acabasse com mais votos perdia —, a participação na segunda votação era alta. A ágora pulsava em tensão. Para manter a assembleia o mais calma possível, a discussão antes da votação final era restrita. A disputa terminava com o costume incomum de cercar uma grande área aberta da ágora, onde era feita a votação final. Depois de votar, os cidadãos tinham que permanecer dentro do recinto até que os votos fossem contados e o nome do sacrificado fosse anunciado, para evitar fraudes. Era um homem, um voto, uma vítima.

Ostraka usados contra Aristides, Temístocles, Címon e Péricles em Atenas no século V a.C.

OS INIMIGOS DA DEMOCRACIA

Olhando para trás na era da democracia de assembleia, fica claro que o advento da *dēmokratia* causou grandes comoções e reações poderosas. Afinal, essa era uma época em que a política ainda era dominada por aristocratas proprietários tomados pela competição uns com os outros, bem como com seus oponentes democratas. O que essa classe autodenominada de aristocratas tinha em comum era seu profundo desgosto pela democracia. As palavras saíam de seus lábios com raiva. Eles detestavam as assembleias. Sempre que ouviam falar de *dēmokratia*, isso lhes confirmava que Atenas havia tomado um rumo errado ao colocar, de maneira tola, o poder nas mãos de um grupo seccional ignorante e autointeressado. Esse *dēmos* enlouquecido deveria ser desprezado e temido. Era pobre e sem propriedades, ignorante e volátil. Pior de tudo, era impulsionado por uma fome por poder político. Eles apontavam que a palavra *dēmokratia* significava manipulação, trapaça e violência. Daí a convicção deles de que deveria ser difamada.

Para entender sua linha de pensamento, pondere por um momento o verbo *kratein*. Hoje em dia costuma ser traduzido (por meio da palavra latina *regulare*) como "reger" ou "governar", mas isso prejudica suas conotações originais, que na verdade eram muito mais duras. Por mais estranho que nos pareça, quando os atenienses usavam a palavra, falavam a linguagem da manobra militar e da conquista. *Kratein* significa ser mestre, dominar alguém ou alguma coisa, possuir (no grego moderno, o mesmo verbo significa manter ou segurar). O substantivo *kratos*, do qual se formou o composto *dēmokratia*, referia-se ao poder, à força, à vitória triunfante, sobretudo pela aplicação da força. O agora obsoleto verbo *dēmokrateo* transbordava dessas conotações: significava democratizar no sentido de agarrar o poder e exercer controle sobre os outros. Assim, para alguns atenienses, e certamente para seus inimigos, *dēmokratia* tinha o significado oposto ao que tem hoje.

Em nossos tempos, quando as pessoas falam positivamente da democracia, normalmente se referem a eleições livres e justas, ao compartilhamento de poder pacífico por meio de compromissos e à igualdade baseada no respeito legalmente garantido pela dignidade dos outros. Para seus inimigos atenienses, em um contraste marcante, *dēmokratia* era uma ameaça. Eles a tratavam como uma forma calamitosa de domínio da turba em que o *dēmos* inculto age arbitrariamente em busca de seus próprios interesses; eles insistiam que as preocupações limitadas dos *dēmos* não eram sinônimos de bem comum. O fato de que a democracia era retratada como uma mulher reforçou o ponto: em uma *dēmokratia*, o *dēmos* detém *kratos* e, assim, muito parecido com uma mulher, é propenso a agir de forma desonesta para conseguir o que quer usando de trapaça e força contra seus oponentes.

Em 387 a.C., fora dos muros da cidade de Atenas, o antidemocrata Platão fundou uma academia filosófica cujos estudiosos compartilhavam principalmente sua visão da democracia como uma forma desordenada e perigosa de governo dos ignorantes.

Manobras violentas desencadeadas pelo desejo de poder estavam muito presentes na mente de Platão quando ele observou que a democracia era uma forma de governo de duas faces, "conforme as massas governam os donos da propriedade pela força ou pelo consentimento".[9] A democracia foi para ele uma invenção engenhosa que destruiu o bom governo ao agradar os pobres ignorantes. Ele a comparou a um navio tripulado por marinheiros estúpidos que se recusavam a acreditar que existia um ofício como a navegação — idiotas que tratavam os timoneiros como observadores inúteis. Mudando de metáfora, Platão chegou a chamá-lo de *teatrocracia*: a presunção de que as pessoas comuns eram qualificadas para falar sobre tudo — desafiando leis políticas imutáveis —, levando a manobras, à sedução retórica dos impotentes e à ilegalidade entre os poderosos. *Dēmokratia* é um tipo de governo falso em que o povo é governado enquanto parece governar.

A visão de Platão não apenas nos lembra que a filosofia ateniense era amplamente antidemocrática — algo como uma reação rancorosa contra o ethos de igualdade, contingência e abertura pública nutrida pela democracia. Como escrever filosoficamente sobre a democracia exigia riqueza, lazer e distância do afã e da agitação da vida política, e como, ao contrário, a democracia exigia que os cidadãos se dedicassem à vida pública, o silêncio dos democratas atenienses sobre sua própria democracia permitiu que seus inimigos os atacassem. Os esforços para silenciar os democratas arruinando sua reputação foram o primeiro exemplo registrado de como os inimigos da democracia tentaram destruí-la — roubando a linguagem de seus oponentes e destruindo suas realizações práticas.

Como os amigos da democracia ateniense desconfiavam ou nunca usavam a escrita como instrumento de expressão pública, a história registrada foi perdida para seus oponentes. É por isso que Atenas não produziu grandes teóricos da democracia. É também por isso que os comentários escritos sobre a democracia ateniense eram hostis à sua novidade, especialmente à maneira como ela despertava a resistência pública ao governo dos ricos. Os democratas pagaram caro por sua defesa não escrita. Crentes firmes em sua própria originalidade, convencidos de que tinham uma deusa ao seu lado, os democratas atenienses subestimaram o risco de sua própria obliteração, o que quase aconteceu. No que diz respeito à memória, colocam-se à mercê de uma classe de nobres que sonhava em esmagar sob os pés o feio besouro da democracia. Essa classe de amnésicos tinha algo sinistro em mente: eles não queriam que ninguém registrasse para a posteridade o que os democratas tinham a dizer.

"Existe uma maneira democrática de falar sobre democracia?", perguntou Nicole Loraux (1943-2003), uma estudiosa da Atenas clássica reverenciada por suas análises críticas dos inimigos da democracia e seus relatos pioneiros de seus mitos, sua política e seus costumes de gênero.

HÚBRIS

Os antidemocratas lutaram ferozmente, com mais do que palavras, pelo que foram recompensados duas vezes no final do século V. Durante os trinta anos da Guerra do Peloponeso (431-404 a.C.), travada por Atenas e seus aliados contra Esparta, dois golpes de estado interromperam o governo democrático. Ambos os interlúdios foram nomeados pelo número de conspiradores que tomaram as rédeas do poder: os Quatrocentos (411 a.C.) e os Trinta (404 a.C.).

As ações de retaguarda dos homens de propriedade seriam repetidas com frequência na história da democracia e, como em nossos tempos, apoiaram governos párias que favoreciam os ricos. É por isso que os democratas atenienses entenderam que, quando se trata de determinar quem recebe quanto, quando e como, todos devem tomar cuidado. A política produz perdedores, especialmente quando alguns se tornam gananciosos pelo poder. Os democratas atenienses estavam convencidos de que as divindades acumulariam declínio e destruição, ou *nemesis*, sobre reis, tiranos e senhores que perseguissem o sucesso mundano, jogassem cegamente com seu poder e chegassem a arriscar tudo em prol do ganho. Húbris era o nome para tal ganância. Dizia-se que a ruína era sua penalidade. A avareza — a cobiça por dinheiro, fama, bens materiais ou poder — era estupidez.

Essa percepção dos perigos do poder arbitrário levantou uma questão preocupante para os democratas locais: as divindades fechariam os olhos para a ascensão meteórica ao poder de uma cidade-Estado que se tornou um império — o primeiro império democrático?

Em 450 a.C., Atenas tinha nada menos que 160 estados vassalos. Havia um forte senso entre os atenienses de que eles eram superiores aos estados locais e aos povos asiáticos governados pelos persas. Eles viam sua democracia com orgulho. A reputação de Atenas como um intrometido pomposo (*polypragmon*) constantemente lutando pelo poder sobre os outros tornou-se sinônimo da própria democracia. Considere o famoso relato de Tucídides sobre a oração fúnebre proferida por Péricles no início da Guerra do Peloponeso. "Para esta nossa terra, na qual o mesmo povo nunca deixou de habitar em uma linha ininterrupta de gerações sucessivas, eles, por seu valor, transmitiram aos nossos tempos um estado livre e o império que agora possuímos", teria se gabado Péricles.

Vivemos sob uma forma de governo que não emula as instituições de nossos vizinhos; pelo contrário, nós mesmos somos um modelo... (O) nosso governo é chamado de democracia, porque sua administração está nas mãos não de poucos, mas de muitos... E nossa cidade é tão grande que todos os produtos de toda a terra fluem sobre nós... Também somos superiores aos nossos oponentes em nosso sistema de treinamento para a guerra... A riqueza nós empregamos mais como uma oportunidade de ação do que como um assunto para se vangloriar... Pois somente nós consideramos o homem que não participa dos negócios públicos não como alguém que cuida de seus próprios negócios, mas como um inútil; nós atenienses decidimos por nós mesmos as questões públicas ou pelo menos nos esforçamos para chegar a uma boa compreensão delas, na crença de que não é o debate que é um obstáculo à ação, mas sim não ser instruído pelo debate antes que chegue a hora da ação... Em suma, digo que nossa cidade como um todo é a escola de Hélade.[10]

Falar de Atenas como a principal cidade do mundo grego queimava como esterco nas chamas do império. Fomentava a crença pública na virtude cidadã da proeza militar; fazia germinar a *dēmokratia* e o sucesso militar. O poder imperial exigia a mobilização de tropas — em troca, elas esperavam uma parte do governo. O exército ateniense foi inicialmente autofinanciado: os cidadãos mais ricos serviam na cavalaria nos próprios cavalos, montados nas próprias selas. O crescimento de infantarias levemente armadas de hoplitas mais pobres tornou a inclusão política irrefutável. A lógica de emancipação da democracia também significava que, à medida que a marinha ateniense crescia em poder e influência, os cidadãos mais pobres, os *thetes*, que formavam a maior parte das tripulações navais, queriam igualdade com seus concidadãos; por um tempo, o mar e a democracia pareciam ser gêmeos. A guerra tornou todos iguais na luta para escapar das garras da morte. Encorajou a labuta dolorosa que produziu honra. Confirmou o sentimento de machismo dos homens (os atenienses falavam de *aretē*). Ajudou a banir a cruel "melancolia" que Péricles mencionou em seu discurso fúnebre. A guerra abençoou a vida com um significado inabalável; escondia a preocupação de que os homens fossem meras sombras de sombras, seres destinados a durar apenas brevemente, como um dia que passa para a noite.

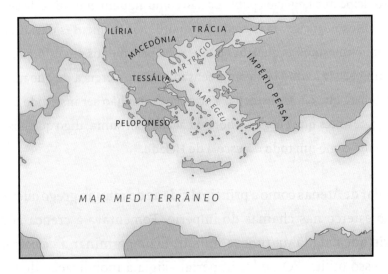

No seu auge em meados do século V a.C., o Império Ateniense colonizou partes importantes do território do sul da Itália moderna e as costas da Turquia, do norte da África e do Oriente Médio.

A famosa oração fúnebre de Péricles foi proferida no final do primeiro ano de uma guerra de 28 anos entre Atenas e Esparta. O historiador Tucídides relatou: "Quando os corpos foram enterrados, Péricles, filho de Xantipo, subiu em um degrau, de onde todas as pessoas podiam vê-lo e ouvi-lo, e fez este discurso."

O império também levou riqueza para Atenas, que foi usada em parte para pagar sua máquina de governo e recrutar um grande número de homens atenienses. Exceto por um pequeno número de estados que negociaram para manter sua independência nominal fornecendo navios que navegavam nas frotas atenienses, no início da década de 440 a.C., todas as cidades do império eram obrigadas a pagar um tributo anual, bem como impostos sobre exportações e importações que passavam pelo porto central de Pireu.

Até que ponto a riqueza gerada pelo império foi vital para o florescimento da democracia ateniense ainda é muito contestado pelos historiadores, mas há pouca dúvida de que entre os efeitos mais potentes do império estava a expansão do poder dos militares no funcionamento diário da política. Os atenienses eram bons democratas. Eles também eram bons lutadores. Consequentemente, durante o século V, Atenas se viu em guerra, em média, em dois de cada três anos; nunca desfrutou de mais de uma década de paz. Com a introdução do serviço militar pago na década de 450, a guerra passou a dominar a vida cotidiana dos atenienses, bem como sua cultura e política. Cidadania e serviço militar tornaram-se indistinguíveis; o espírito e as instituições da democracia pareciam profundamente marciais.

A QUEDA DA DEMOCRACIA

A retrospectiva deixa claro que o flerte da democracia e da força armada provou ser fatal para Atenas. O apogeu do império no século V levou a restrições às liberdades políticas em casa. O império criou a demagogia. Deu proeminência indevida a líderes militares eleitos, como Címon e Péricles, que (excepcionalmente) tiveram o direito de ocupar o cargo por vários mandatos sucessivos. Esses homens do campo de batalha foram autorizados a interromper os procedimentos da assembleia para apresentar seus próprios negócios. Isso significava que seu enorme poder de determinar o destino da cidade, sem controle de partidos ou leis, passou a depender fortemente de sua habilidosa manipulação retórica dos *demos*. Péricles cultivou seu carisma comparando-se à fragata de Atenas, o *Salaminia*: enquanto desfrutava do cargo por quase um quarto de século, de 454 a 429 a.C., ele aparecia diante da assembleia apenas quando assuntos públicos urgentes exigiam atenção urgente. Sua ausência gerou intriga e excitação. Tucídides e outros, compreensivelmente, reclamaram que, quando ele aparecia em público, falava e agia como um monarca arrogante. "O ódio e a impopularidade tornaram-se o destino de todos os que aspiraram a governar os outros", disse Péricles aos enlutados reunidos para homenagear os soldados mortos. Mas acrescentou, desafiadoramente:

> Lembre-se, também, que se seu país tem o nome mais respeitado do mundo, é porque nunca se curvou diante do desastre; porque ele gastou mais vida e esforço na guerra do que qualquer outra cidade, e conquistou para si um poder maior do que qualquer outro conhecido até agora... será lembrado que mantivemos o domínio sobre mais helenos do que qualquer outro estado helênico, que realizamos as maiores guerras contra seus poderes unidos ou separados, e habitamos uma cidade inigualável a qualquer outra em seus recursos ou magnitude.

As palavras do grande líder pressagiaram o início do fim da experiência ateniense com a democracia. Seu declínio foi prolongado; os contratempos vieram camuflados em vitórias. Mas a crescente militarização da vida política em apoio ao império começou a transformar Atenas em seu pior inimigo — em uma fonte de inveja e ciúmes entre os Estados dentro e fora de seu império. No país, desencadeou uma força maligna que os atenienses chamavam de delírio (*ate*). Uma lei de cidadania restritiva aprovada em 451 a.C. visava impedir que residentes estrangeiros e escravizados libertos se tornassem cidadãos atenienses; eram tratados como o inimigo interior. Em várias ocasiões, todos os cidadãos disponíveis eram compulsoriamente convocados para a marinha ou exército para lutar contra uma cidade vizinha; e leis foram aprovadas pela assembleia para permitir que a cidadania fosse retirada daqueles considerados culpados de deserção ou esquiva do recrutamento.

O pacto desastroso entre democracia e força armada teve implicações geopolíticas mais amplas, com más notícias para as democracias locais — como a ilha de Milos, no mar Egeu, que foi bloqueada por Atenas em 416–415 a.C. O cerco teve efeitos assustadores: a fome, seguida de discórdia e traição, resultou na rendição incondicional dos habitantes de Milos. Os democratas atenienses não perderam tempo em separar a política local. Em nome da democracia, eles executaram todos os homens em idade militar e venderam mulheres e crianças como escravas, deixando bebês e idosos para os lobos locais. Quinhentos cidadãos colonos logo foram enviados para Milos. A ilha tornou-se uma colônia de Atenas. A regra da democracia foi selada com crueldade e sangue.

Quais foram as lições da campanha contra Milos? Para começar, mostrou que os Estados democráticos podem ser bons na guerra e capazes de infligir uma violência terrível aos vizinhos. Provou, também, que a violência era uma faca de dois gumes para Atenas. A violência encorajou os rivais a buscar e ganhar o prêmio final: forçar Atenas a cair de joelhos, quando sua hipocrisia e arrogância foram afogadas em sangue.

Em 359 a.C., Atenas foi forçada a se submeter ao bem armado reino da Macedônia, liderado por Filipe II. Seu gigantesco exército de 32 mil soldados esmagou os democratas e seus aliados na Batalha de Queroneia, na Beócia, a noroeste de Atenas. Os macedônios logo apertaram o laço no pescoço dos atenienses, que em 322 a.C. sofreram outra derrota catastrófica durante a rebelião liderada pelos gregos contra o domínio macedônio, conhecida como Guerra Lâmia. Desta vez, Atenas foi forçada a pagar um preço muito mais alto. Como parte do acordo de paz, as tropas macedônias invadiram a cidade e prontamente substituíram seu governo democrático por uma oligarquia. Algo entre 12 mil e 22 mil cidadãos foram privados de direitos. Alguns foram despachados para a remota Trácia. Democratas proeminentes, entre eles Hiperides e Demóstenes, foram executados.

Os democratas recuperaram o controle de Atenas várias vezes, mas no final os macedônios se recusaram a aceitar tal situação. Em 260 a.C., o rei macedônio Antígono Gônatas ordenou que suas tropas recapturassem a cidade. Os ideais e as instituições da mais poderosa democracia de assembleia do mundo antigo não existiam mais.

PARTE II

DEMOCRACIA ELEITORAL

SE A HISTÓRIA DA DEMOCRACIA FOSSE UMA NARRATIVA descomplicada em que os tempos mudaram, mas todo o resto permaneceu o mesmo, este pequeno livro estaria chegando ao fim. Para melhor — e não pior —, a história da democracia não é assim. Portanto, não deve surpreender que uma reviravolta na história esteja prestes a acontecer, uma transformação que produziu uma segunda fase histórica da democracia. Vamos denominá-la de nascimento da democracia eleitoral.

A democracia de assembleia nasceu no Oriente Próximo e nos mundos fenício e grego. Por volta do século XII d.C., a democracia entrou em uma nova era, cujo centro de gravidade era a região atlântica — o triângulo geográfico aquático que se estendia das costas da Europa, passando por Baltimore e Nova York, até Caracas, Montevidéu e Buenos Aires. Ele testemunhou o nascimento de uma nova compreensão da democracia — como o autogoverno popular baseado na eleição de representantes que ocupam cargos e governam em nome do povo, por um período de tempo. A região também testemunhou a invenção de muitas novas instituições e costumes — parlamentos, constituições escritas, partidos políticos, assembleias de votação, editores independentes e jornais diários — destinados a garantir eleições periódicas. Como veremos, a democracia eleitoral despertou grande entusiasmo público e esperanças entre os oprimidos por um mundo mais bem governado, livre de patrões e intimidações. Mas foi perseguido por contradições internas e feroz oposição de seus inimigos assustados.

Esse longo período começou com o nascimento de assembleias parlamentares no norte da Espanha e terminou com uma nota triste e lamentável durante as décadas de 1920 e 1930, com a destruição quase global das instituições democráticas representativas pelas forças sangrentas da guerra, revolução, ditadura e do regime totalitário que assolaram a primeira metade do século XX. Em 1941, havia menos de uma dúzia de democracias eleitorais em nosso planeta. Nesse meio-tempo, ao longo de oito séculos, coisas extraordinárias aconteceram.

"GOVERNO DEMOCRÁTICO, MAS REPRESENTATIVO"

Como entender essa extensa transição? Vamos começar consultando uma importante carta escrita no verão de 1816 pelo ex-presidente dos Estados Unidos, Thomas Jefferson. Ponderando as mudanças no governo e no pensamento político durante sua vida, ele não mediu palavras: a chegada da democracia eleitoral alterou fundamentalmente a dinâmica do mundo moderno. Explicou que, embora os antigos gregos nada soubessem dos princípios da representação eleitoral, a verdade era que a "democracia direta" da assembleia exigia instituições de "representação" que serviam para proteger e nutrir a vontade de seus cidadãos. Segundo Jefferson, não ocorreu aos gregos que "onde os cidadãos não podem se reunir para efetuar seus negócios pessoalmente, somente eles têm o direito de escolher os agentes que devem negociar". Cidadãos gregos, oradores e pensadores políticos não viam a possibilidade de se libertar da falsa escolha entre o autogoverno do povo e o governo de poucos — a oligarquia.

A novidade definidora da era moderna, continuou Jefferson — os Estados Unidos e a Europa Ocidental eram os principais em sua mente —, foi a invenção de um novo tipo de república autônoma baseada em eleições periódicas. Ele não mencionou a desfiguração das eleições por desfiles encharcados de rum, compra de votos, tiroteios e contendas desenfreadas, e não disse uma palavra sobre sua convicção de proprietário de escravizados de que uma sociedade multirracial com negros livres era impossível. Em vez disso, ele concluiu que o experimento de combinar "governo democrático, mas representativo, estava e ainda está reservado para nós". O novo sistema representativo não tinha precedentes históricos. Ofereceu ao "povo" um método de proteção "contra o egoísmo de governantes não sujeitos ao seu controle em curtos períodos". Ao fornecer tal proteção, o experimento com a democracia eleitoral "tornou inútil quase tudo o que foi escrito antes sobre a estrutura do governo".[1]

As palavras ousadas suscitavam grandes questões, relacionadas à complicada questão de quando e como uma nova era havia sido desencadeada por invenções que deram à palavra "democracia" um novo significado desconhecido para os gregos. Como ela veio a ser redefinida como democracia eleitoral? Como conseguiu se enraizar em todos os continentes? Por que, em seu berço europeu, acabou fracassando como experimento político? E o mais importante: as circunstâncias históricas únicas que deram origem a ela agora estão atrás de nós — estamos vivendo em um mundo além da era da democracia centrada nas eleições?

A LINGUAGEM DA ESCOLHA

"As pessoas que tentarem encontrar uma causa nessa narrativa serão processadas; as pessoas que tentarem encontrar uma moral nela serão banidas; as pessoas que tentarem encontrar uma conspiração nela serão baleadas", escreveu Mark Twain no prefácio de *As aventuras de Huckleberry Finn*. A história do nascimento e desenvolvimento da democracia eleitoral não é exatamente um mistério no estilo de Twain, mas seus padrões de nascimento certamente o eram.

Tomemos um exemplo que ilustra o quão complicadas são as origens da democracia eleitoral: a linguagem das eleições. Nos primeiros anos do século XIX, como apontou Jefferson, as eleições "livres e justas" eram consideradas o coração e a alma dessa nova forma de democracia. Mas o vocabulário das eleições é um ninho de diferentes palavras com origens díspares. A palavra "eleição" vem do latim "escolher; selecionar (entre várias possibilidades)". O termo referente ao grupo, aqueles quem escolhem, o "eleitorado", é muito mais recente; seu primeiro uso registrado data apenas de 1879.

Antes disso, a palavra que todos usavam era "eleitores". O direito geral ao voto é hoje chamado de *"franchise"*, mas essa palavra (no inglês do século XIII) significava "privilégio ou direito" e "liberdade, isenção de servidão ou dominação". Falar do direito de voto mais tarde passou a se referir à imunidade legal de acusação, só então evoluindo para vários novos significados, incluindo o ato de conceder um direito ou privilégio (como quando um monarca soberano concedia isenção de prisão), uma *"franchise* eletiva" (o direito de voto) ou, como no uso atual da palavra, uma licença concedida por uma empresa a alguém para vender ou comercializar seus produtos dentro de uma determinada região.

Depois, há termos como "representativo". Vem do latim *repraesentare* — que serve para descrever, retratar ou exibir —, mas o significado posterior de um representante escolhido para atuar em nome de outros foi, muito possivelmente, um presente do mundo do Islã primitivo, onde a prática de nomear um *wakīl* para lidar com assuntos legais, comerciais e religiosos era costumeira (*wakīl* também é um dos nomes de Deus, que significa "confiável"). E existe a palavra "votar", do latim *votum*: entrou no inglês durante o século XIV com o significado de "desejar ou fazer um voto" e "prometer ou dedicar", depois foi transformada na Escócia por volta de 1600 para expressar uma escolha em uma eleição. "Eleger" também foi usado para descrever o ato de votar. Em suas antigas origens holandesas e germânicas — e em vários dialetos sobreviventes —, significava "cabeça". Nos últimos anos do século XVI, passou a se referir ao novo costume de fazer a votação por contagem de cabeças, destinado a acabar com a prática corrupta de eleições decididas por quem mais gritava a favor de seu candidato. *Essa* palavra vem dos dias da República Romana, onde o latim *candidatus* significava "vestido de branco". Referia-se a homens políticos que vestiam togas brancas como parte de sua tentativa de se tornarem membros da assembleia governamental e consultiva da aristocracia conhecida como Senado.

A linguagem das eleições nos lembra que os primórdios da democracia eleitoral são complexos. Não foi uma invenção "moderna" direta, como muitas vezes pensamos, mas tinha raízes na Europa medieval. Não foi primariamente fruto dos processos de "modernização" analisados pelos acadêmicos, ou nascido do "surgimento e desenvolvimento do estado-nação moderno", como sugere o estudioso David Runciman.[2] Nem foi proveniente da Revolução Americana do século XVIII, como afirmou o cientista político Francis

Fukuyama. Não foi obra da aristocracia nem simplesmente uma expressão da "A ascensão da burguesia", ou do liberalismo, como era comumente pensado por Karl Marx, Harold Laski, Carl Schmitt e outros escritores políticos que refletiram sobre o assunto nos últimos dois séculos. Múltiplas forças e eventos na região do Oceano Atlântico conspiraram para produzir a democracia eleitoral. Muitas vezes era oriunda de consequências não intencionais, nem pré-ordenadas, nem inevitáveis. Seu nascimento e sobrevivência, bem como sua mutação e, finalmente, sua morte, desafiavam fórmulas simples e leis universais. A maneira como várias de suas principais instituições nunca foram originalmente pensadas por seus inventores como tendo algo a ver com "democracia" é fascinante. Normalmente, eles desprezavam a palavra.

Election Night Bonfire (1928) captura o que o artista nova-iorquino Glenn O. Coleman chamou de "beleza louca" e a agitação desordenada despertada pelo voto da classe trabalhadora, em uma era dominada por líderes de partidos políticos e doadores ricos.

Muitas mãos foram responsáveis pela elaboração das instituições da democracia eleitoral. Monarcas, monges, pastores, mulheres, estadistas e aristocratas, todos desempenharam um papel. Assim também fizeram artesãos, republicanos, clérigos, agiotas, moradores da cidade, fazendeiros, soldados, editores, muçulmanos devotos e dissidentes protestantes tementes a Deus. Uma vez preservada, em seus princípios e em sua prática, a compreensão da democracia como autogoverno popular — o direito dos eleitores de se reunirem livremente em reuniões públicas, por exemplo —, a democracia eleitoral também ficou em dívida com o antigo mundo grego da democracia de assembleia.

Por todo o Atlântico, havia divergências acaloradas sobre o que exatamente significava representação, quem tinha o direito de representar quem e o que deveria ser feito quando os representantes desprezavam ou frustravam aqueles que supostamente representavam. Os méritos do governo eleito também foram muito disputados. Mas o que era comum nesse período era a crescente consciência de que o governo por representantes eleitos tinha um magnetismo definido por milhões de pessoas convencidas de que ele poderia lhes proporcionar um modo de vida melhor.

REIMAGINANDO A DEMOCRACIA

Muitos séculos após o desaparecimento da democracia em Atenas, as assembleias continuaram a prosperar em momentos e lugares específicos por todo o Atlântico. Reuniões públicas conhecidas como *contiones* eram convocadas regularmente pelos governantes da República Romana, que sobreviveram até 27 a.C. As assembleias reapareceram nas Ilhas Faroé e na Islândia, onde, por volta de 930, o *Al-thing* ou *Alping* em pleno verão se reunia anualmente; nos cantões suíços, governados por assembleias de cidadãos chamadas de *landsgemeinde*, *talschaft* e *teding*; e nas colônias norte-americanas britânicas, como a Virgínia, onde as primeiras assembleias datadas do início do século XVII eram assistidas e controladas por homens ricos e protestantes proprietários de escravizados.

A sessão inaugural da *House of Burgesses*, a primeira assembleia legislativa eleita nas colônias norte-americanas, em Jamestown, Virgínia, 1619.

Assim, o trem da democracia baseada na assembleia não terminou simplesmente em uma estação histórica, onde os passageiros desembarcaram e embarcaram no próximo trem da democracia eleitoral. Houve avanços, retrocessos, reviravoltas dramáticas e rupturas em câmera lenta. E mais do que alguns momentos em que os primeiros vencedores de eleições periódicas pareciam não entender o significado democrático de longo prazo de seus feitos.

Um caso em questão é a invenção da expressão "democracia representativa". A expressão foi usada pela primeira vez no final do século XVIII por legisladores, escritores políticos e cidadãos quando se referiam a um novo tipo de governo eleito fundado no consentimento popular. O que não está claro é quem a cunhou. Há evidências de que o oximoro tenha ascendência anglo-holandesa-francesa-americana. Há muitos momentos estranhos em que a frase foi dita, mas nem seu sentido nem seu significado histórico foram compreendidos por aqueles que a proferiram. O francês do século XVIII Charles-Louis de Secondat, Barão de Montesquieu (1689–1755), um membro modestamente rico da aristocracia de Bordeaux que serviu por um tempo como presidente do *parlement* de Bordeaux, apontou na obra *O espírito das leis* (1748) que em uma democracia "o povo, no qual reside o poder supremo, deve ter a gestão de tudo ao seu alcance", mas "aquilo que excede suas capacidades deve ser conduzido por seus ministros".[3]

Ministros? O que significava confiar a eles os negócios do povo? O nobre francês que havia sido ministro das relações exteriores de Luís XV, o Marquês d'Argenson (1694–1757), estava bem posicionado para responder a essas perguntas. Ele foi um dos primeiros escritores a desvendar tanto o significado da palavra quanto a nova definição de democracia como representação popular. D'Argenson escreveu sobre a diferença entre democracia "falsa" e "verdadeira":

A falsa democracia logo se transforma em anarquia. É o governo da multidão; tal é um povo revoltado, desprezando insolentemente a lei e a razão. Seu despotismo tirânico é evidente pela violência de seus movimentos e pela incerteza de suas deliberações. Na verdadeira democracia, a ação é por meio de deputados, que são autorizados por eleição; a missão dos eleitos pelo povo e a autoridade que tais funcionários exercem constituem o poder público.[4]

Seu argumento pouco ortodoxo era o de que a democracia não precisava ser temida porque não era uma regra da multidão. Não é de admirar que seu livro tenha sido proibido pelas autoridades reais e circulou de maneira clandestina em forma de manuscrito por três décadas antes de sua publicação póstuma.

Outros logo começaram a explorar e popularizar as ligações entre democracia e "deputados... autorizados por eleição", e suas contribuições viajaram através dos oceanos e por continentes inteiros — rapidamente. Do outro lado do Atlântico, James Madison (1751–1836), redator da nova Constituição dos Estados Unidos e mais tarde presidente da república, expressou desdém pela palavra "democracia", mas se incluiu entre aqueles que viram a novidade do experimento político norte-americano "Na delegação do governo... a um pequeno número de cidadãos eleitos pelos demais".[5] Alexander Hamilton (1755–1804) foi talvez o primeiro revolucionário norte-americano a juntar as palavras "representação" e "democracia", até mesmo em um momento usando a nova expressão "democracia representativa", sem entender seu significado. É estranho pensar que alguns dos termos mais preciosos da história da democracia foram cunhados como se fossem um sonho, mas assim foi com Hamilton e a nova expressão. Ele normalmente era hostil ao governo popular, que condenava como uma fórmula para "tirania" e "deformidade" liderada por "uma multidão ingovernável". No entanto, em uma ocasião, logo após a Declaração de Independência, Hamilton negou que "a instabilidade é inerente à natureza dos governos populares". Tais governos, disse ele, poderiam ser "felizes, normais e duráveis" se tomassem a forma de "democracia representativa, onde o direito de eleição é bem assegurado e regulamentado e o exercício das autoridades legislativas, executivas e judiciárias é investido em selecionar pessoas, escolhidas *realmente* e não *nominalmente* pelo povo".[6]

O mesmo argumento foi estabelecido de forma mais direta por um colega escocês, James Wilson (1742–1798), um erudito advogado presbiteriano que também ajudou a redigir a Constituição de 1787. Wilson observou que a nova constituição federal da república norte-americana era duplamente incomum: ela reconhecia que "a representação é necessária apenas porque é impossível para o povo agir coletivamente", em consequência da nova república ser "puramente democrática", uma vez que "toda autoridade de qualquer tipo é derivada da representação do povo e o princípio democrático é levado a todas as partes do governo".[7]

Essas eram as maneiras de repensar a democracia, que agora significava um tipo de governo em que os eleitores, confrontados com uma escolha genuína entre pelo menos duas alternativas, elegiam líderes que agiam em seus interesses. O relato amplamente lido de Lorde Henry Brougham sobre os princípios da representação coloca as coisas de forma clara. O parlamentar nascido em Edimburgo conhecido por sua defesa do livre comércio, a abolição da escravidão e a emancipação das classes médias, escreveu: "A essência da representação é que o poder do povo deve ser dividido e entregue, por um período limitado, ao representante escolhido pelo povo, e que ele [sic] deve desempenhar aquela parte do governo que, não fosse essa transferência, teria de ser desempenhada pelo próprio povo."[8]

O PAPEL DA REPRESENTAÇÃO

Leitores curiosos perguntarão: por que essa nova maneira de pensar a democracia como representação popular foi vista como um passo à frente, um aprimoramento da democracia de assembleia?

A resposta padrão que os historiadores costumam dar é a de que a democracia eleitoral foi uma resposta funcional aos imperativos territoriais — uma solução prática para o problema de como exercer o poder de forma responsável dentro de estados e impérios territoriais de grande escala, nos quais grandes distâncias impediam os cidadãos de se encontrarem em assembleias presenciais. A defesa da democracia eleitoral era muito mais convincente. A insistência de Thomas Jefferson de que sob as condições da democracia representativa "há uma plenitude de tempo em que os homens devem ir, e não ocupar por muito tempo o terreno ao qual outros têm o direito de avançar"[9] é uma pista vital para o engenhoso pensamento do final do século XVIII — e entre os publicistas, legisladores, jornalistas e cidadãos do século XIX.

Jefferson, na verdade, defendeu uma democracia eleitoral centrada na liderança política. Ao contrário da monarquia e do despotismo, a democracia requer orientação, inspiração e apoio de líderes populares ao lidar com assuntos políticos complicados, disse ele. Verdadeiros líderes que lideram porque fazem com que as pessoas os admirem, em vez de puxá-los pelo colarinho. No entanto, ele rapidamente acrescentou que a democracia representativa mantém os líderes amarrados. Ela lhes concede autoridade para governar, mas também os leva a julgamento, zomba deles, faz piadas às suas custas e ameaça os patifes com a perda do cargo. Ela fornece aos cidadãos uma maneira de se livrarem de líderes ruins, que contam mentiras, trapaceiam, prevaricam, prometem milagres ou agem como demagogos. Ao contrário dos monarcas não eleitos e dos tiranos e déspotas sedentos de poder, os representantes eleitos ocupam cargos apenas temporariamente. O governo representativo é, portanto, uma fórmula brilhante para a paz, uma maneira de evitar a guerra civil, criando espaço para a dissidência política e oferecendo aos perdedores um ramo de oliveira: a esperança de concorrer novamente a um cargo, a garantia de que não há desajustes na política.

The Politician (1775), uma gravura satírica de John Keyse Sherwin, é baseada em um esboço do artista inglês William Hogarth, cujo amigo míope, o rendeiro e político Ebenezer Forrest, é retratado aqui distraído incendiando seu chapéu enquanto lê um jornal.

A liderança sob controle era uma coisa. Outro benefício da democracia eleitoral, afirmavam seus defensores, era o reconhecimento de que as divergências e os conflitos sociais são legítimos. O argumento foi capturado pelo amigo político próximo de Jefferson, Thomas Paine (1737–1809). "Atenas, por representação, teria superado sua própria democracia", escreveu o autor dos livros mais vendidos do século XVIII, incluindo *Direitos dos homens* (1791). Ele esbravejou a favor da "representação incorporada à democracia" como um novo tipo de governo que permitia divergências. Rejeitou a monarquia e sua crença ultrapassada em um corpo político unificado; era superior à "democracia simples" da antiga Atenas, cujo *dēmos* estava sob constante pressão para buscar a harmonia, para agir como se a diversidade social e as divisões de opinião política fossem um impedimento ao governo popular. A democracia eleitoral, em contraste, reconheceu abertamente a legitimidade das divisões sociais e da competição entre os diferentes partidos políticos. Rejeitou a ideia de que o desacordo era antidemocrático e que o corpo político deveria ser indivisível e guiado pela vontade infalível de um povo imaginário. "Uma nação não é um corpo, cuja figura deve ser representada pelo corpo humano", explicou Paine, "mas é como um corpo contido dentro de um círculo, tendo um centro comum, no qual todos os raios se encontram; e esse centro é formado pela representação."[10]

Essa era uma maneira excitantemente nova de pensar sobre as oportunidades e os perigos de lidar com o poder político. Tornou-se a base filosófica para eleições periódicas com vários partidos políticos. A competição multipartidária, que aconteceu pela primeira vez nos Estados Unidos durante a década de 1820, estava entre as principais invenções da era da democracia eleitoral. Uma vez denunciados como "facções" e "conspirações" perigosas, os partidos políticos tornaram-se lembretes vivos de que qualquer corpo político estava materialmente dividido por diferentes opiniões e interesses. Nessa nova equação, os partidos faziam mais do que mobilizar votos. Eles expressavam discordâncias, formulavam políticas, promoviam a alfabetização, proporcionavam empregos e bem-estar para seus apoiadores e preparavam representantes para ocupar cargos no governo.

Os partidos também ajudaram a garantir que uma democracia eleitoral fosse um tipo incomum de política em que associações não governamentais conhecidas como "sociedade civil" pudessem prosperar. O princípio era totalmente moderno: por meio de órgãos como empresas, sindicatos, igrejas, tavernas, restaurantes, associações científicas e gráficas, afirmava a argumentação, as sociedades civis ofereciam espaço para que os cidadãos se unissem para perseguir e proteger seus interesses, para viver suas diferentes vidas como iguais e livres, a distância dos governos, que seriam mantidos focados por cidadãos armados com o direito de votar nos representantes dos partidos de sua escolha.

A insistência de que "o povo" nunca é um corpo homogêneo, e que a democracia não pode existir sem meios para representar diferenças de opinião, foi usada pelos primeiros defensores da democracia eleitoral para justificar livrar o mundo da estupidez hereditária de monarcas como Jorge III. O governo representativo atacou a falácia de que esperma, óvulos e maneiras refinadas eram os segredos do bom governo. Em vez disso, supôs que, desde que o debate político do "povo" é uma abstração vazia, é melhor encorajar a não violência, a exposição pública de diferentes interesses e opiniões, conduzida por uma liderança responsável guiada pelos princípios do bom governo ao compromisso político.

Os defensores da representação do século XVIII também oferece-ram uma justificativa pragmática para seu novo tipo de governo. A democracia representativa foi considerada uma solução para o pro-blema prático de que nem todos os cidadãos podem ser envolvidos na tomada de todas as decisões que afetam suas vidas, mesmo que tenham tempo e meios para fazê-lo. O princípio de que todos os que são afetados por uma decisão têm o direito inalienável de se envolver na formulação e aplicação dessa decisão foi visto como impraticável, algo muito grego. As pessoas deveriam delegar a tarefa do governo a representantes escolhidos, então o argumento funcionou. A função desses representantes seria fiscalizar o gasto do dinheiro público. Eles exerceriam a representação no governo e na burocracia em nome de seus eleitores. Eles debateriam questões e produziriam leis. Governando em nome do povo, eles elaborariam a política externa. Fazendo ecos a D'Argenson, Paine escreveu: "Em seu estado original, a democracia simples não era diferente do salão comum dos antigos. À medida que essas democracias aumentavam em população e o ter-ritório se expandia, a forma democrática simples tornou-se pesada e impraticável." Mas, ao incorporar a representação na democracia, "chegamos a um sistema de governo capaz de abarcar e confede-rar todos os vários interesses, e todas as extensões de território e população".[11]

O PRIMEIRO PARLAMENTO

O salto da imaginação foi surpreendente; Jefferson e Paine deram voz a uma transformação de época no significado de democra-cia, que suscita a questão prática de quando e como a democracia eleitoral aconteceu. Para encontrar uma resposta, vamos visitar o século XII, no momento do nascimento de uma instituição central da democracia eleitoral: as assembleias parlamentares.

Os parlamentos eram um novo tipo de órgão de governo, um lugar que reunia representantes de vários interesses sociais, oriundos de um amplo raio geográfico, para fazer leis. Onde eles nasceram? Ao contrário de alguns relatos devotadamente ingleses, que supõem que as assembleias parlamentares foram "incomparavelmente a maior dádiva do povo inglês à civilização do mundo",[12] os parlamentos foram de fato uma invenção do que é hoje o norte da Espanha, em uma região definida por lutas pelo poder entre cruzadistas cristãos empenhados em expulsar militarmente os muçulmanos das terras do Islã. O impulso foi fornecido por um discurso belicoso em 1095 pelo papa Urbano II (1088–1099) diante de uma grande multidão reunida em Clermont, uma cidade francesa hoje famosa pela cadeia de vulcões extintos que a cercam.

O texto do discurso não sobreviveu, mas vários cronistas nos contam que Urbano atribuiu o desastre iminente do cristianismo ao castigo de Deus pela maldade humana — e que ele conclamou seus ouvintes a recuperar a graça lutando pela cruz, em nome da Europa. O que exatamente era necessário para "avançar com felicidade e confiança para atacar os inimigos de Deus" (estas foram suas palavras relatadas) foi deixado ao bom julgamento dos príncipes de mentalidade cristã. Entre eles, estava o rei Afonso IX de Leão (1188–1230), um jovem governante experiente que foi pioneiro em uma maneira eficaz de arrebatar campos e cidades dos muçulmanos do norte da Península Ibérica.

O primeiro parlamento que Afonso IX convocou nasceu do desânimo. Muitas comunidades cristãs que viviam no norte da Espanha, compreensivelmente, ficaram preocupadas com seu futuro. O século VII viu os seguidores do profeta Maomé conquistarem a Síria, a Palestina, o Egito e a costa norte da África. Durante o século seguinte, os muçulmanos avançaram até os portões de Constantinopla e, depois de conquistarem a Espanha, entraram no sul da França. O século IX viu o saque de Roma, e as forças sarracenas ocuparam a Sicília e as costas e contrafortes do sul da Itália. Os temores de que o cristianismo pudesse desaparecer completamente foram agravados pela perda de Jerusalém e pela sensação de que o mundo cristão estava se desgastando em suas fronteiras africanas e asiáticas. As igrejas nestorianas e jacobitas foram cortadas pela ocupação dos sarracenos de grande parte da Ásia Menor — e depois, da Pérsia. A igreja na Abissínia também foi colocada em quarentena, enquanto na Síria, no Egito e em outras localidades, dezenas de milhares de cristãos se sentiram pressionados pelas forças combinadas do que eles viam como taxação discriminatória e tolerância desdenhosa por parte dos governantes islâmicos.

Assim, o palco estava montado para uma reviravolta cristã, liderada por Alfonso IX. Na idade madura de 17 anos, ele vestiu a coroa de um reino que estava sob intensa pressão militar, não apenas dos reinos vizinhos, mas também dos exércitos mouros, que começaram a roubar faixas de terra quatrocentos anos antes. Repetidas invasões desses exércitos muçulmanos ameaçavam minar toda a base fiscal do reino de Afonso. O antigo costume com o qual os governadores muçulmanos contribuíam com dinheiro para os reis cristãos da região, conhecidos localmente como *parias*, havia desmoronado. Novos impostos foram infligidos às igrejas e cidades, mas estes se mostraram altamente impopulares. As petições começaram a chegar aos oficiais do novo rei.

Afonso IX pegou seu reino de surpresa ao decidir lutar e sair de uma situação difícil reconquistando territórios que ele e muitos de seus súditos consideravam legitimamente cristãos. Sem dinheiro, ele cobrou impostos a todos os cristãos em seu reino. Na época anterior ao slogan "sem tributação, sem representação", seu tribunal começou a angariar apoio. O objetivo do príncipe era defender e expandir seu reino, mesmo que isso significasse fazer concessões políticas que pudessem diluir seus poderes reais. O movimento que ele fez foi tão improvável quanto surpreendente: ele formou um parlamento de representantes.

Afonso IX voltou-se primeiro para a nobreza local, os aristocratas guerreiros comprometidos com a preservação e expansão de suas terras. Convencidos de que os monarcas tinham o dever cristão de travar uma guerra sem fim contra os infiéis muçulmanos, eles tinham certeza de que o sucesso na guerra não era apenas um mandamento do papa Urbano II, mas também era necessário para aumentar seu próprio poder e reforçar o governo de bons príncipes cristãos. Afonso IX também compreendeu que a guerra exigia a conquista dos bispos da Igreja, a propriedade que se via como guardiã das almas e protetora espiritual das terras de Deus. Com a região sitiada de maneira permanente, e cidades estrategicamente vitais, como León, agora lembrando fortalezas muradas, Afonso IX também procurou cortejar cidadãos ricos. Documentos contemporâneos se referiam a eles como *cives* ou *boni homines*: "homens bons" com uma reputação de liderança que decorreu de sua eleição como vereadores, chamados *fueros*. Eles estavam bem posicionados para entregar ao rei os dois cidadãos treinados para portar armas e dinheiro muito necessário.

A prática moderna de representação parlamentar nasceu desse triângulo medieval composto por nobres, bispos e cidadãos ricos. Foi na antiga cidade romana de León, na primavera de março de 1188 — uma geração inteira antes da Magna Carta do Rei João de 1215 — que Afonso IX convocou as primeiras *cortes*, como os contemporâneos logo a batizaram, usando o termo local tanto para conselheiros que aconselham e servem um monarca quanto para a cidade onde reside um rei. Delegados dos três estamentos da região — homens de guerra, almas e dinheiro — reuniram-se dentro dos claustros de arenito da igreja magnificamente modesta de San Isidoro.

A clausura da Basílica de São Isidoro em León, norte da Espanha, foi onde o primeiro parlamento se reuniu, em 1188. A igreja recebeu o nome do ex-arcebispo de Sevilha, famoso por sua máxima de que só quem governa bem merece ser chamado de verdadeiro monarca.

A assembleia não era a reunião habitual de bajuladores da corte. Na verdade, foi a primeira convenção registrada dos três estamentos — os interesses das vilas até então eram ignorados em reuniões convocadas pelos monarcas da região. Essa assembleia produziu até quinze decretos (a autenticidade de vários deles é contestada), que, juntos equivaliam a algo como uma carta constitucional. O rei prometeu que a partir daí consultaria e aceitaria os conselhos dos bispos, nobres e "homens bons" das cidades em questões de guerra e paz, pactos e tratados. Os bispos, até então proibidos de jurar fidelidade ao poder temporal, juntaram-se aos cavaleiros e cidadãos da cidade prometendo que eles também trabalhariam pela paz e pela justiça. Os participantes determinaram que a propriedade e a segurança da residência eram invioláveis. Resolveram que os processos judiciais e as leis que produziam seriam respeitados; e que o reino do rei seria guiado, sempre que possível, pelas leis gerais herdadas de tempos anteriores. Também foi acordado que haveria futuras assembleias do rei e representantes escolhidos pelos três estados.

GOVERNO REPRESENTATIVO

Os bons representantes cristãos do primeiro parlamento não poderiam ter conhecido sua contribuição para a próxima era da democracia eleitoral. No entanto, a assembleia de Leão foi de profunda importância histórica. Não apenas rejeitou o antigo costume de cortesãos se reunirem para reafirmar a fidelidade à vontade de seu soberano; também mostrou que acordos políticos entre interesses conflitantes podem ser alcançados seguindo-se os procedimentos devidos, sem recorrer à força implacável ou tratar os oponentes como inimigos. Em forte contraste com a crença dos democratas atenienses de que a democracia só poderia funcionar quando os cidadãos compartilhassem um senso indiviso de comunidade política, as *cortes* supunham a probabilidade de interesses concorrentes e potencialmente conflitantes e a conveniência de um compromisso pacífico entre eles. Além disso, supunham que as chances de se chegar a acordos viáveis fossem aumentadas ao limitar o número dos tomadores de decisão — talvez a várias dezenas de representantes, embora não possamos ter certeza —, alguns dos quais eram obrigados a viajar grandes distâncias de partes remotas do reino. Os governos podiam exercer seu papel sem perder a confiança e o consentimento de seus súditos distantes, exatamente porque os envolvidos na tomada de decisões tinham o poder de seguir o monarca e defender os interesses de seus súditos na presença do rei.

Os representantes dos três estamentos, mais tarde conhecidos como *procuradores*, consideravam-se agentes autorizados a agir em nome de outros, na defesa de seus interesses de grupo, na presença do rei Afonso IX de Leão.

Esse método de governo representativo logo se tornou moda. Rapidamente se enraizou em outras partes do norte da Espanha, onde os parlamentos foram especialmente ativos nos três séculos seguintes.

Esses primeiros parlamentos não estavam lá só para constar, meros salões de rumores ou espaços de propagação de banalidades, como os críticos posteriores da democracia eleitoral gostavam de gracejar. Eles tratavam de queixas comuns, desde a condução da guerra, relações com muçulmanos e judeus e os danos ambientais causados pelos animais do monarca, até o recrutamento militar forçado, a nomeação de embaixadores, padrões de pesos e medidas e as condições de vida do campesinato. Os parlamentos muitas vezes pareciam não ter medo de se tornar um incômodo quando os monarcas tentavam decidir as coisas arbitrariamente, sem levar em consideração os desejos de seus súditos. Os monarcas raramente podiam reivindicar uma concessão (às vezes chamada de *servicio*) ou estabelecer impostos sem seu consentimento. Os parlamentos muitas vezes cobravam impostos por meio de seus próprios agentes e tesouros, prescreviam como deveriam ser gastos e até exigiam auditorias do orçamento do rei. As assembleias representativas nas regiões rurais, entretanto, tratavam de assuntos como os sistemas de irrigação das culturas (os tribunais de água da Catalunha e Múrcia, propensas à seca, são um exemplo) e a atribuição e coordenação dos direitos de pastoreio do gado por meio de assembleias móveis de pastores chamadas *mestas*. Dessa e de outras maneiras, os parlamentos serviam mais do que aos interesses dos estados dominantes. Eles se opunham ao governo arbitrário, misterioso e violento, atuavam como um contrapeso à pequena tirania e à monarquia absoluta, estimulavam demandas por representação popular e nutriam o espírito democrático de "liberdade" e "igualdade" comumente associado a formas posteriores de governo representativo.

Retrospectivamente, é fácil ver a originalidade e o impacto político de longo prazo desses novos métodos de governo representativo. Os parlamentos logo se espalharam para outras partes da Europa, migraram através dos oceanos e ajudaram a dar origem a uma grande família de instituições cujo resultado cumulativo foi uma grande variedade de democracias em forma representativa. Algumas democracias eleitorais, como na América Latina e nos Estados Unidos, optaram por contar com presidentes eleitos exercendo poderes bem separados de seus parlamentos. Outros, como a Grécia, a Índia e a República Federal da Alemanha, optaram pelo governo parlamentar com primeiros-ministros ou presidentes diretamente subordinados à legislatura. Canadá, Nova Zelândia e Austrália, em vez disso, escolheram o governo parlamentar liderado por um monarca com poderes em grande parte cerimoniais. Havia sistemas altamente centralizados e federais de governo representativo, enquanto algumas políticas optaram por sistemas altamente descentralizados de confederação, como na recém-independente república dos Estados Unidos e na Suíça. As cidades também se mostraram importantes laboratórios de autogoverno representativo. A oposição republicana à monarquia floresceu nas áreas urbanas. O mesmo aconteceu com eleições locais, câmaras municipais, judiciários independentes, *habeas corpus* (proibições de tortura e prisão) e, muito mais tarde, governos eleitos que forneceram transporte público, parques e bibliotecas para o usufruto de seus cidadãos. O ponto é que faltava ao livro da democracia eleitoral um enredo consistente. Havia muitas páginas soltas, parágrafos estranhos, alguns esboços completos — mas em sua maioria inacabados — de possíveis temas. Mas em meio a toda a confusão havia um tema comum que perdurou até as primeiras décadas do século XX: a democracia passou a significar o autogoverno do povo por representantes escolhidos em eleições periódicas.

Como forma prática de lidar com o poder, a democracia eleitoral provou que nem tudo é um ciclo repetitivo e que coisas novas acontecem sob o sol. A democracia desencadeou grandes disputas políticas, centradas na espinhosa questão do sentido da representação. Vidas foram eliminadas por revoluções. Sangue foi derramado. Houve momentos — como nos primeiros parlamentos do norte da Espanha — em que os representantes quebraram o mandato do debate pacífico, lutando com punhos e espadas por duas definições amplamente conflitantes de representação. Eles eram meros servos e porta-vozes de seus eleitores, que precisavam mantê-los sob rédea curta, ou deveriam ser tratados como guardiões de espírito livre de toda a comunidade política? Os representantes deveriam ter um conjunto de instruções (*poderes*) cuidadosamente redigidas e obrigatórias, forçando-os a fazer o que lhes foi dito? Era uma boa prática submetê-los a um interrogatório quando voltavam de uma sessão do parlamento, como frequentemente acontecia na cidade catalã de Barcelona, que usava um comitê permanente — *Vintiquatrena de Cort*, a Comissão dos 24 — para manter o controle sobre a vida pública e privada de seus representantes? Eles eram às vezes obrigados a dizer não aos seus eleitores, a ficar acima da contenda e trabalhar desinteressadamente pelo bem político maior? Em caso afirmativo, a unanimidade em medidas importantes podia ser obrigatória? O consenso podia, às vezes, exigir a expulsão física de recalcitrantes do parlamento, chutando e gritando? Quão sensato foi o método usado pelas cortes de Aragão, que elegiam oficiais para vetar os representantes por meio de uma prova, conhecida como *habilitacion*, destinada a garantir seu compromisso com a unanimidade? Era verdade (como dizia a piada local) que a aprovação de todas as leis de Aragão era nada menos que um milagre divino?

O CONSENTIMENTO DOS GOVERNADOS

O governo representativo produziu momentos de alegria, mas também deu origem a uma grande família de instituições e práticas destinadas a lidar com o sério negócio de moderar o poder governamental. Entre as mais significativas, estavam as constituições escritas, do tipo acordado pela primeira assembleia parlamentar em León. Eles passaram a ser considerados meios importantes para proteger o princípio da igualdade (dos que contavam) perante a lei, restringindo a arrogância de governos que reivindicam um mandato popular e impedindo a tomada de poder por um exército ou facção política poderosa, como a aristocracia latifundiária.

Dentro do extenso corpo de cristãos crentes conhecido como Igreja, também havia concílios e sínodos de representantes. Os concílios compreendiam representantes da igreja reunidos para discutir assuntos de fé e ordem e para emitir decretos sobre assuntos espirituais e terrenos. Facilmente o mais espetacular foi o Concílio de Constança, uma assembleia de representantes que começou em novembro de 1414 na cidade imperial de Constança, na Suábia (região sul da atual Alemanha). Durou quatro anos e atraiu grandes multidões de cristãos e outras testemunhas de seus procedimentos. Convocado pelo rei da Hungria, Sigismundo de Luxemburgo, o conselho de seiscentos membros foi encarregado de resolver um problema bastante sério. A Igreja estava dividida pela existência de nada menos que três papas — João XXIII, Gregório XII e Bento XIII

—, que reivindicavam cada um o título exclusivo de líder da Igreja. A questão era: como diabos a trindade mundana poderia ser combinada em uma só? O conselho agia como uma convenção constitucional dos últimos dias ou uma conferência de partidos políticos. Os delegados concordaram em eleger um papa, mas com a condição de que outras reuniões ocorressem, porque o concílio derivava sua autoridade diretamente de Cristo — de modo que os poderes do papa eram mantidos apenas em confiança, para o benefício da Igreja. O concílio foi inflexível: o Sumo Pontífice era o ministro, não o soberano, da Igreja. Seu governo repousava sobre o consentimento dos governados.

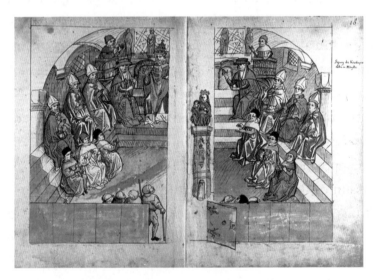

Estudiosos, bispos e cardeais discutindo com o papa João XXIII — o vencedor do debate — no Concílio de Constança, realizado durante os anos 1414 e 1418.

O princípio de que o poder terreno requer o consentimento dos fiéis ressurgiu mais tarde, no movimento da aliança defendido pelos calvinistas protestantes, nas terras baixas e altas da Escócia durante o século XVI. Foi uma das invenções mais importantes da história da democracia eleitoral. Observe como muitas de suas instituições básicas foram marcadas pela cruz. "O movimento democrático é o herdeiro do movimento cristão", observou o antifilósofo do século XIX Friedrich Nietzsche (1844–1900).[13] Ele estava certo. Toda a ideia de uma aliança foi baseada na convicção de que Deus é a fonte de todas as coisas humanas, o grande vigia que olha de maneira cruel para os mortais que ousam agir como seu substituto. "Pense nisso e reflita: quem resiste ao poder resiste a Deus", foram as palavras famosas usadas por Ivan, o Terrível (1530–1584) para justificar a obediência absoluta aos governantes, independente de sua estupidez ou crueldade. Os pactuantes não queriam tolices sobre o poder. É por isso que eles conclamaram os fiéis a se unirem aos demais crentes para controlar os governantes terrenos que supunham que eles eram divinos. Um pregador de Glasgow do século XVII e defensor de um pacto nacional assinado por 60 mil pessoas de todas as esferas da vida, Alexander Henderson (1583–1646), usou palavras em um sermão que logo assustariam tiranos e alimentaria mais do que algumas revoluções políticas: "Sempre que os homens começam a sair da linha, esquecem sua própria subordinação, então aqueles que estão sob eles não se tornam sujeitos a eles, porque eles saem da ordem correta."[14]

Um pensamento semelhante alimentou a luta pela liberdade de imprensa, o princípio de que os cidadãos devem se recusar a permitir que seus representantes no Estado reivindiquem o controle exclusivo sobre as gráficas. A liberdade de imprensa foi inicialmente justificada em termos cristãos, por exemplo na *Areopagítica* de John Milton (1644), que elaborou o argumento inteligente de que a resistência dos crentes fiéis deve ser diariamente testada pelas palavras do diabo, circuladas por meio de livros, jornais, romances e panfletos.

A liberdade de imprensa mais tarde se tornou uma demanda central na luta secular por liberdades civis e políticas, especialmente o direito ao voto. A demanda se enraizou primeiro nas regiões norte e oeste da Europa, incluindo a Irlanda e as Ilhas Britânicas, de onde se espalhou posteriormente para as colônias norte-americanas, o Canadá Superior e toda a América Espanhola.

Parlamentos, constituições escritas, conselhos de representantes e liberdade de imprensa: nenhuma dessas instituições era conhecida no mundo antigo da democracia de assembleia. Isso também é verdade em relação ao voto em eleições periódicas. O costume de levantar as mãos, colocar pedras em uma panela ou entregar em *ostrakia* era comum nas antigas assembleias, mas votar não era entendido como um ato de representação. A escolha de representantes em eleições periódicas livres e justas estava no centro do novo conjunto de instituições chamado democracia eleitoral. Sim, votar em representantes tinha raízes profundas e emaranhadas, que remontam aos primeiros parlamentos espanhóis e às lutas de poder nas entranhas da Igreja Cristã medieval. No entanto, ao revisitar a história das eleições, especialmente a partir do século XVIII, é difícil perder a novidade do sangue, suor e lágrimas investidos nas históricas lutas de vida ou morte por "uma pessoa, um voto".

O direito ao voto universal foi o grande energizador utópico da política democrática moderna. Folhetos apaixonados e poemas emocionantes foram escritos em sua homenagem. O "Dia da eleição, novembro de 1884", de Walt Whitman, celebrou as eleições norte-americanas como o "dia da escolha", um "conflito sem espadas" e um "espetáculo" mais poderoso do que as estrondosas quedas do Niágara e do poderoso Mississippi. O direito de voto universal e as eleições livres despertaram grandes expectativas em um governo incorruptível e acessível, igualdade política, dignidade social e até mesmo a harmonia coletiva de uma sociedade sem classes. A australiana Muriel Lilah Matters (1877–1969), a primeira mulher a falar na Câmara dos Comuns britânica — da galeria pública, acorrentada às grades —, tinha certeza de seus efeitos de catarse pública. Emily Pankhurst e outras sufragistas estavam entre as que previram que isso traria o fim do militarismo. "O voto é tão essencial para a democracia quanto a baioneta é para o despotismo", escreveu Walter Thomas Mills (1856–1942), o editor socialista norte-americano e cofundador do Partido Trabalhista Unido na Nova Zelândia. "O governo da maioria é o único método racional de administrar os assuntos de um estado livre. O direito ao voto eletivo deve ser universal. Deve ser dado em igualdade de condições a todos os que compartilham das vantagens e assumem as responsabilidades de viver dentro das fronteiras de tal estado.[15]

Não foram poucas as pessoas que sacrificaram a vida pelo princípio e pela prática de eleições incorruptíveis, entre elas, Francisco Madero (1873–1913), um democrata mexicano diferenciado. Madero foi um abastado proprietário de terras com consciência social e tinha certeza de que a democracia representativa não podia ser importada para o México; não era uma mercadoria que pudesse ser comprada ou uma munição que pudesse ser colocada nas mochilas dos soldados e descarregada pelo cano de uma arma. A democracia era uma sensibilidade e tinha que vir do coração dos cidadãos. É por isso que Madero trabalhou incansavelmente para alterar as percepções de poder, construindo uma rede de cidadãos que fez campanha por eleições livres e justas e pela saída do ditador mexicano Porfirio Díaz. A democracia eleitoral exigia uma mudança radical de mente, corpo e alma, disse Madero a seus partidários. Ele parou de fumar, destruiu sua adega particular, abandonou as sestas e parou de comer carne; a certa altura, em parte para escapar das multidões que o saudavam com "*viva!*", ele passou quarenta dias e quarenta noites no deserto, sob a Via Láctea, perto de um rancho que chamou de "Austrália".

Para Madero, o pessoal era político. Essa convicção o abençoou, como mais tarde abençoaria milhões de cidadãos e seus representantes escolhidos, com uma fé profundamente sentida na causa democrática e no poder da liderança magnânima. "Nem a pobreza, nem a prisão, nem a morte me assustam", escreveu ele.[16] A fé de Madero foi recompensada por sua eleição para a presidência com uma maioria de quase 90%; aos 37 anos de idade, isso fez dele um dos líderes mais jovens do México. Apenas dois anos depois, ele foi recompensado novamente com uma bala no pescoço no meio da noite — cortesia de uma trama coorganizada pelo embaixador norte-americano Henry Lane Wilson.

RESISTÊNCIA E VITÓRIAS

As demandas pelo direito de voto universal transbordavam e borbulhavam com espírito democrático em toda a região atlântica, mas seus oponentes ficaram assustados. "Democracia" era para eles um morfema sujo. A famosa tradução francesa de Nicholas Oresme da *Política* de Aristóteles, encomendada para uso na corte por Carlos V por volta de 1370 e impressa em 1489, contém uma ilustração cujo lado direito (angelical) inclui a monarquia, a aristocracia e a timocracia — governo de uma classe rica e proprietária guiada pela honra. Seu lado esquerdo (diabólico) contém imagens da tirania, oligarquia e democracia. A democracia é simbolizada por plebeus e soldados e por uma vítima moribunda caída em um pelourinho.

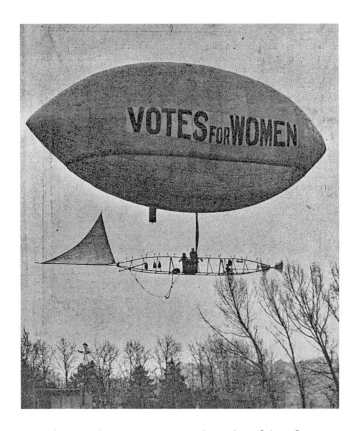

Com o objetivo de animar a campanha pelo sufrágio feminino na Grã-Bretanha, Muriel Matters contratou um dirigível para lançar panfletos sobre Londres, em 16 de fevereiro de 1909, dia em que o rei Eduardo VII abriu oficialmente o parlamento. O dirigível de baixa potência com quase 25 metros, com Matters sentado em sua cesta, foi desviado do curso por ventos adversos e nunca chegou a Westminster, mas o ato ousado gerou considerável publicidade para a causa, que finalmente teve sucesso em 1928, quando mulheres na Inglaterra, País de Gales e Escócia receberam o voto nos mesmos termos que os homens (acima de 21 anos de idade).

Três séculos depois, logo após os jacobinos franceses executarem Luís XVI, a democracia recebeu um tratamento semelhante pelo principal satirista inglês, James Gillray (1756–1815).

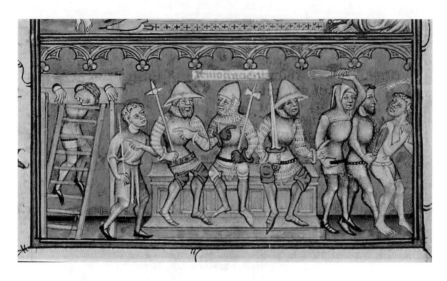

A democracia como governo imprudentemente violento, na tradução francesa de Nicholas Oresme do século XIV da obra *Política* de Aristóteles.

A Democracia é um rufião de olhos esbugalhados e tagarela, um plebeu hirsuto usando um cocar francês, uma adaga ensanguentada enfiada no cinto, soltando gases. No século XIX, a iconografia permaneceu a mesma. Para seus inimigos jurados, a democracia era sinônimo de uma ralé de feras, plebeus malcheirosos e de fala rude, vestidos de trapos, propagadores da ignorância e paixões indomáveis, fomentadores do caos e da violência de classe. Falou-se muito da democracia como certamente uma posse da "raça branca", como no tratado *Die Demokratie von Athen*, do historiador e político húngaro Gyula (Júlio) Schvarcz (1839–1900).[17] A sugestão de que pessoas de diferentes posses, raças e gêneros tinham o direito de serem tratadas igualmente dentro de uma comunidade política, não importando seu tamanho ou composição, gerava ruptura e revolta. O presidente de longa data da Universidade de Cornell, Andrew White (1832–1918), alertou que a maioria dos eleitores em potencial "não estava atenta nem mesmo para seus próprios interesses mais diretos" e que o voto universal entregaria o poder a "uma multidão de camponeses analfabetos, recém-saídos dos pântanos irlandeses ou minas da Boêmia ou covis de ladrões italianos".[18] Mobilizando a linguagem da hostilidade para com estrangeiros, mulheres, com a classe baixa e raças inferiores, Charles Francis Adams Jr., neto de John Quincy Adams e bisneto de John Adams, advertiu igualmente que, no contexto norte-americano, "o sufrágio universal só pode significar claramente o governo da ignorância e do vício — significa um proletariado europeu, e especialmente celta, na costa do Atlântico, um proletariado africano nas margens do Golfo e um proletariado chinês no Pacífico".[19] No sul de Buenos Aires, Paul Groussac (1848–1929), o mestre conservador francês das letras argentinas, dramaturgo e chefe da biblioteca nacional, denunciou a "democracia niveladora" como uma receita para a "regressão moral" e a barbárie. E em outras partes da América Espanhola, mais do que algumas figuras públicas bem posicionadas apoiaram a famosa observação do soldado e homem forte venezuelano, Simon Bolívar, de que ele sentia na medula de seus ossos que apenas um "despotismo capaz" poderia governar com sucesso os povos da América Espanhola.[20]

Do outro lado do Atlântico, a declaração fundadora do Partido Conservador Alemão — redigida em 1876 pelo líder do partido, Otto von Helldorff-Bedra, com a ajuda de um colega, Bismarck — advertiu contra "A crescente degeneração das massas". O sufrágio universal era demoníaco; o que era necessário era uma ordem política baseada na monarquia, um Estado forte, uma liberdade econômica "ordenada" e o que chamava de "grupos naturais e divisões orgânicas do povo". Do outro lado do Mar do Norte, a insistência mais vigorosa do famoso historiador do direito Henry Sumner Maine de que o princípio de uma pessoa e um voto era um empecilho para o progresso foi amplamente citada. "O sufrágio universal", escreveu ele, "certamente teria proibido a máquina de fiar e o tear mecânico. Certamente teria proibido a máquina de debulhar. Teria impedido a adoção do calendário gregoriano; e teria restaurado os Stuarts."[21]

Palavras rudes, sentimentos amargos, mas as tendências históricas provaram ser mais benéficas. Nas primeiras décadas do século XX, a oposição ao princípio de "uma pessoa, um voto" foi moderada, gradualmente desgastada e derrotada politicamente na região atlântica. Os esforços para ajudar os cidadãos a controlar melhor e aprimorar a qualidade de seus representantes escolhidos prosperaram. Os perigos representados pela regra da maioria ("A tirania de uma multidão é uma tirania multiplicada", disparou o escritor e político conservador anglo-irlandês Edmund Burke)[22] e os méritos da representação proporcional foram reconhecidos. Assim como o boicote, uma invenção irlandesa. As energias políticas foram investidas para livrar as eleições dos efeitos corruptores da votação baseada no erguer das mãos, da intimidação dos eleitores e do suborno. O voto secreto — geralmente chamado de voto australiano, pois foi importada do estado da Tasmânia — provou ser popular em lugares tão distantes quanto Dublin, Salem, Boston, Caracas e Montevidéu. A prática envolvia imprimir cédulas contendo os nomes de todos os candidatos, distribuí-las em locais de votação bem policiados e exigir que os eleitores as marcassem em segredo e colocassem suas preferências em uma caixa lacrada, após o que eram contadas por funcionários, que juravam neutralidade política.

Os democratas norte-americanos promoveram inovações eleitorais. Eles se concentraram em reformas como a eleição direta de senadores (em vez de nomeá-los por meio de estados e legislaturas). Os

A Democrat, or Reason & Philosophy (1793), de James Gillray, foi concluído logo após a execução de Luís XVI na guilhotina, a declaração francesa de guerra à Grã-Bretanha e à República Holandesa e a disseminação da violência revolucionária e do terror em Paris. O democrata (baseado no líder da oposição local Charles James Fox) é retratado como um sans-culotte enlouquecido celebrando a execução do rei e cantando o hino revolucionário 'Ca Ira' (Tudo ficará bem): "*Tudo ficará bem, tudo ficará bem! / Não teremos mais nobres ou sacerdotes. / Os aristocratas vão balançar nos postes. / E a igualdade reinará nas ruas.*"

primeiros avanços aconteceram nos estados de Oregon e Nebraska, e logo depois triunfaram em nível federal em 1913, com a ratificação da Décima Sétima Emenda à Constituição. Foi alardeado como uma grande vitória, o merecido triunfo do povo sobre o enfermo sistema de senadores nomeados pelo Estado que havia sido adotado na Convenção Constitucional de 1787, em parte com o fundamento espúrio de que senadores escravistas eleitos por períodos mais longos pelas legislaturas estaduais seriam representantes de indivíduos isolados das pessoas egoístas de seus próprios estados.

A jovem democracia norte-americana também experimentou mecanismos de revogação projetados para se livrar de charlatães e trapaceiros. Um campeão de tais inovações foi o médico que se tornou um promotor imobiliário, John Randolph Haynes, que liderou a Liga de Legislação Direta de Los Angeles. Ele se via como um defensor da "massa de cidadãos" tornada "indefesa entre as eleições", e discurso após discurso lamentava a "ineficiência, extravagância e corrupção". Ele e seus apoiadores conseguiram obter aprovação para a inclusão de uma cláusula de revogação no estatuto da cidade de Los Angeles de 1903. Em nível estadual, Oregon foi o primeiro a adotar a mesma medida em 1908. Mais dezessete estados logo se seguiram. Em todos os casos, o princípio de funcionamento era: se um número considerável de cidadãos (geralmente entre 10% e 40%) estivesse insatisfeito com o desempenho de seus representantes devidamente eleitos entre as eleições, esses representantes poderiam ser destituídos antes do término de seus mandatos. Foi uma forma de se livrar de políticos fracassados, que ou eram destituídos do cargo ou eram autorizados a completar o mandato original como se estivessem em uma pena suspensa.

Os norte-americanos também experimentaram uma versão moderna da antiga regra grega de que os cidadãos podem iniciar leis ou emendas por referendo. Em 1898, no estado de Dakota do Sul, essa regra teve forte apoio dentro dos sindicatos como uma arma valiosa no arsenal do que foi chamado de "legislação popular". Os progressistas nunca conseguiram sistematizar a iniciativa em âmbito federal, mas o referendo veio a ser amplamente adotado nos níveis estadual, municipal e local em todo o país. Durante o século XX, foi utilizado por um espectro de interesses notavelmente amplo com diferentes finalidades, como a emancipação da mulher, a abolição da pena de morte e o estabelecimento de uma jornada de trabalho de oito horas em obras públicas (tudo isso aconteceu no Oregon). Ele veio em duas formas. A "iniciativa indireta" especificava que os eleitores eram obrigados a apresentar petições à legislatura para ação. A "iniciativa direta", mais comum, especificava que qualquer assunto poderia ser elaborado por qualquer eleitor, mas exigia a assinatura de, geralmente, entre 5% e 15% dos eleitores registrados antes que pudesse ser colocado na cédula, seja na próxima eleição agendada ou em uma eleição convocada especialmente para considerar a proposição.

ESTADOS E IMPÉRIOS

Referendos e revogações, liberdade de imprensa, eleições periódicas, partidos políticos e parlamentos: essas instituições e os modos de pensar que elas promoveram foram eficazes e inéditos. Posto paradoxalmente, a democracia eleitoral alterou de maneira fundamental a história da democracia. Isso provou que a democracia pode vir a ter dois significados bastante diferentes, ainda que entrelaçados, apoiados por linguagens, modos de pensar e conjuntos de instituições diferentes. A nova política de "governo democrático, mas representativo" também transformou a geografia política da democracia eleitoral. Com o passar do tempo, e apesar de suas origens localizadas em cidades, aldeias, empresas e corporações religiosas, a democracia eleitoral passou a existir principalmente dentro de estados delimitados territorialmente, apoiados por exércitos permanentes e poderes legislativos e tributários. É por isso que atualmente falamos de maneira habitual de "democracia na França", ou democracia "sul--africana" ou "chilena". Esses estados são qualitativamente maiores e mais populosos do que as unidades políticas da democracia de assembleia. A maioria dos estados democráticos do mundo grego — Argos e Mantineia, por exemplo — não tinha mais do que alguns quilômetros quadrados.

Os impérios também desempenharam um papel estranho, mas interessante, na transformação da geografia política da democracia. A ideia de que os impérios podem criar inovações democráticas parece absurda, senão paradoxal. Afinal, as duas pequenas palavras, "democracia" e "império", não são membros felizes da família, nem mesmo vizinhos amigáveis. Democracia eleitoral: uma forma de governo em que as relações de poder são consideradas contingentes e permanentemente demandantes de verificação e contenção por meio de eleições periódicas. Império: um estado de tamanho gigante cujos poderes econômicos, culturais, políticos e militares se estendem muito além de suas fronteiras e cujas diversas terras e povos são controlados por um imperador ou grupo governante imperial. Aqueles que governam impérios reivindicam jurisdição universal sobre seus súditos com base em critérios como religião, raça, tradição ou costumes "civilizados". Eles respaldam suas reivindicações, em última análise, por seu monopólio sobre os meios de extração de riqueza, produção cultural, administração e violência. Em outras palavras, os impérios são potências dominantes cujos governantes tendem a se classificar como superiores a todos seus rivais combinados. O pensamento imperial estava em exibição no lema "AEIOU" (*Austriae est imperare orbi universo*),[*] usado por Frederico III (1415–1493)

---

[*] A Áustria é governante de todo o mundo. [N. do T.]

e outros monarcas do Império Habsburgo. Como vimos, Péricles tinha algo semelhante em mente: a força da Atenas democrática — disse ele no início das Guerras do Peloponeso — estava na posse de forças navais mais numerosas e eficientes do que as do resto da Hélade.

As mentalidades imperialistas ajudam a explicar por que os impérios desenvolveram uma má reputação, especialmente nos círculos democráticos modernos, onde a palavra é perseguida por acusações de arrogância, ganância de recursos, dominação e assassinato de povos. Essa reputação antidemocrática é justificada. E, mesmo assim, os impérios modernos não são feitos do mesmo tecido. Durante a era da democracia eleitoral, três tipos diferentes de impérios deixaram sua marca no mundo. Como o império soviético do século XX, alguns decidiram esmagar toda a oposição e todos os acessórios e características da democracia eleitoral exercendo um controle centralizado implacável sobre seus súditos. Havia impérios que combinavam controle centralizado com substantiva divisão de poder com seus súditos, por exemplo, o uso de assembleias consultivas (*meshwerets*) pelos otomanos ou a dependência dos governantes austro-húngaros de um parlamento bicameral conhecido como *Reichsrat* (Conselho Imperial). Depois havia impérios que funcionavam, apesar de sua violência, ganância e vaidade, como parteiras da democracia eleitoral.

Considere o Império Britânico: após a perda de suas colônias norte-americanas, funcionários do governo britânico do século XIX usaram uma mescla de três tipos diferentes de estratégias de governo que marcaram seu império e suas "possessões coloniais" com qualidades em mosaico. Havia colônias da Coroa, como Bechuanaland (atual Botsuana) e Sarawak (um estado da Malásia), nas quais o império dava pouca ou nenhuma voz local em questões de legislação, com administração realizada por funcionários públicos subordinados a Westminster. Havia colônias, como a Índia, às quais foram concedidas instituições representativas, mas proibidas de autogoverno porque a Coroa duvidava que estivessem prontas. E, seguindo a regra imperial de que as colônias distantes funcionavam com menos problemas quando lhes era concedida uma medida de autogoverno, havia domínios confiáveis, concedidos tanto às instituições representativas quanto ao poder de governar, sujeitos apenas ao veto da Coroa na legislação e ao controle de Westminster sobre o governador colonial.

Foi nesse último grupo de colônias (tipicamente dominadas por brancos) que ocorreram inovações impressionantes — para os padrões da época — na democracia eleitoral. Em 1791, foi concedida uma câmara de assembleia local no Quebec de língua francesa, então uma colônia britânica conhecida como Baixo Canadá. Um ano depois, eleições livres foram realizadas, com base em uma regra que permitia votar em qualquer pessoa que tivesse completado 21 anos de idade, desde que possuísse propriedades ou pagasse aluguéis anuais e não tivesse sido condenada por traição ou crime grave. O resultado foi que todos os inquilinos — homens ou mulheres, falantes de francês ou inglês — que pagavam o modesto aluguel anual mínimo de dez libras puderam votar. Um grande número de mulheres votou, pela primeira vez em qualquer lugar do Império Britânico — 136 anos antes de todas as mulheres com mais de 21 anos conquistarem seus direitos plenos de voto na Grã-Bretanha. O direito das mulheres ao voto era apenas temporário. Foi legalmente abolido após a Confederação (1867), mas, durante a eleição de 1820 na cidade de Trois-Rivières, um juiz local, observando que "aqui as mulheres votam como os homens, sem discriminação", relatou que um homem entrou no lugar de votação apenas para ser informado de que não podia votar, porque sua propriedade estava em nome de sua esposa. Ruborizado, ele foi obrigado a levá-la às urnas, já que ela era a eleitora qualificada em sua família.[23]

A LENDA DO POVO SOBERANO

Ao olhar para trás para esses desenvolvimentos extraordinários, é seguro dizer que os cidadãos das democracias de assembleia ficariam intrigados com a novidade e a escala da democracia eleitoral, até mesmo perplexos com sua aparência. O autor e político liberal francês do século XIX, François Guizot (1787–1874), falou a uma plateia de Paris durante um famoso curso de palestras públicas sobre o assunto: "Desde o nascimento das sociedades modernas, sua condição tem sido tal que, em sua instituição, em suas aspirações e no curso de sua história, a forma representativa de governo... constantemente assomou mais ou menos distintamente à distância, como o porto ao qual eles devem finalmente chegar, apesar das tempestades que os dispersam e dos obstáculos que confrontam e se opõem à sua entrada."[24] Somente os liberais doutrinários, crentes de que a história estava do seu lado, poderiam ter pensado com tanto otimismo sobre o futuro do governo representativo. Na realidade, as coisas nunca correram bem. Seus defensores foram perseguidos por padrões duplos, especialmente quando bloquearam mulheres, escravizados e as classes trabalhadoras nos portões das entradas para o governo.

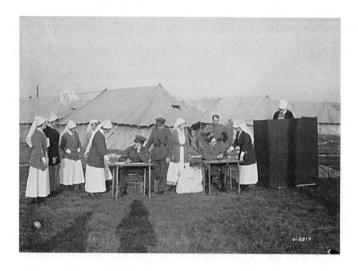

A guerra muitas vezes foi um catalisador de avanços democráticos, e assim foi para as enfermeiras *"Bluebird"*, do Canadá, posicionadas no exterior durante a Primeira Guerra Mundial. Essas mulheres, servindo no Hospital Militar de Ontário em Orpington, Inglaterra, em dezembro de 1917, estavam entre as primeiras a votar legalmente em uma eleição federal desde a Confederação. Todas as mulheres canadenses ganharam plenos direitos de voto no ano seguinte, após décadas de petições, comícios públicos e atos de desobediência civil.

As manifestações de frustração eram compreensivelmente generalizadas. O romancista do século XIX George Eliot** (1819–1880) comparou sarcasticamente as eleições a cerimônias de deliberação pública e decepção com a catarse de marcar as cédulas antes do massacre do resultado. Ela escreveu: "A paz universal foi declarada e as raposas têm um interesse sincero em prolongar a vida das aves." Não apenas as eleições periódicas geraram uma amarga resistência

---

** George Eliot era o pseudônimo da escritora Mary Ann Evans. [N. do T.]

e descontentamento; em lugares tão diferentes quanto a França e a Argentina, a democracia eleitoral também era vulnerável a patologias de sua própria criação — falhas que abalaram sua autoconfiança, suscitaram o ânimo e fizeram ranger os dentes de seus inimigos.

Os defensores da democracia eleitoral a viam como um meio de admitir diferenças de opinião e culpar a má liderança política. Permitiu que os cidadãos reclamassem publicamente e desabafassem sobre seus líderes. Promoveu competições abertas pelo poder e abriu espaço para desestabilizar governos inteiros e derrubá-los do cargo, se e quando fracassassem, como certamente fariam no fim.

Mas vamos fazer uma pausa para prestar atenção a essa característica incomum da democracia eleitoral: a forma como seu apelo pelo pluralismo multipartidário contradiz e desmascara a ideia de um povo soberano unificado. A democracia eleitoral encorajou os cidadãos e seus representantes eleitos a colocar em dúvida a crença de que existia um corpo unificado chamado "O povo" — um *dēmos* — que é a fonte suprema de poder e autoridade política mundana. Vários defensores da democracia representativa, entre eles Thomas Jefferson, perceberam corretamente que essa noção de povo soberano — que devia muito ao mundo grego antigo e algo ao direito romano e tinha suas raízes imediatas no final da Idade Média e no início da Europa moderna — era, na verdade, uma nota dissonante na doutrina do direito divino dos monarcas, a crença de que reis e rainhas gozavam de um direito dado por Deus de governar seus súditos. A ideia do povo soberano foi um caso do que os antropólogos chamam de animismo: um exemplo de seres humanos projetando no mundo sua crença em um Deus imaginário e então supondo que "o povo" foi presenteado e agraciado por esse Deus para governar. Ela satisfez a fantasia de que "o povo" é o poder constituinte singular

— o *pouvoir constituant*, como os pensadores franceses o descreveram. Transformou "o povo" em um tirano em potencial. *Vox populi, vox dei*: a voz do povo é a voz de Deus.

Ouça por um momento as palavras do grande republicano norte-americano John Adams. A fila de adjetivos que ele formou ao analisar "o povo" era reservada por seus companheiros da Nova Inglaterra para quando falavam de Deus: "Toda inteligência, todo poder, toda força, toda autoridade; originalmente, inerentemente, necessariamente, inseparavelmente e inalienavelmente reside no povo."[25] Esse modo de falar, adequadamente destilado para consumo público, reapareceria como "Nós, o Povo", as três primeiras palavras da constituição federal norte-americana adotada na Filadélfia em meados de setembro de 1787. As palavras confirmaram que "o povo" é o animador legítimo do mundo. Ele dá as ordens. Ele não pode ser contrariado. O povo é poder além da moralidade. Ele sabe o que é certo e o que é errado. Ele sabe como as coisas devem ser.

Os defensores da democracia eleitoral criticam as formulações simplórias de um povo mágico abençoado por um poder mágico — embora não o tenham colocado exatamente dessa forma. Com efeito, eles lançaram um apelo para abandonar a grande abstração do "povo" para que diversos povos de carne e osso pudessem viver juntos e se governar bem. Mas as coisas estavam confusas. A maioria dos defensores da democracia eleitoral continuou a se apegar à crença de que "o povo" é uma ficção útil naqueles momentos em que a população emancipada por meio do voto, apesar de suas diferenças de origem e opinião, surge como a força "soberana". Na época das eleições, os eleitores julgam seus representantes, às vezes com severidade; "O povo" elogia e aplaude freneticamente, ou fica com raiva e desabafa suas frustrações em voz alta. Isso decorreu do princípio que Benjamin Franklin desenvolveu ao debater a redação da nova constituição dos Estados Unidos; que em "governos livres, os governantes são os servidores, e o povo, seus superiores e soberanos".[26] Entre as eleições, "o povo" se assemelharia a um colosso inativo, olhando com interesse, atenciosamente, principalmente em silêncio, esperando a próxima oportunidade de julgar aqueles que elegeram para governá-los por um tempo.

O resultado foi que a democracia eleitoral expressou duas interpretações contraditórias do "povo": um povo soberano abstrato e imaginário considerado o fundamento legítimo de um bom governo, e uma população real, moldada por diversos gostos e competição partidária e uma variedade de grupos de interesse que habitam dentro da sociedade civil. A partir do final do século XVIII, quando as pessoas começaram a falar sobre democracia representativa, essa contradição causou problemas sem fim, mas a democracia eleitoral, no entanto, fez o que a democracia de assembleia nunca conseguiu fazer. Ele desafiou um princípio metafísico — o povo soberano — que pertencia às formas de pensar monarquistas e absolutistas. Poderíamos dizer que a democracia eleitoral iniciou o processo de democratização da crença de que a democracia é essencialmente o governo do povo soberano. Tal coisa foi realizada de uma forma desconhecida para os antigos.

Veja como foi: para os democratas eleitorais, as eleições eram muito mais do que um método de escolha de líderes ou um meio de animar periodicamente os desapontados com a oportunidade de se livrar de patifes e malandros. As eleições lembram aos cidadãos de que eles são membros de um "povo" desunido. Se as decisões fossem sempre unânimes, e os representantes sempre virtuosos, imparciais, competentes e totalmente responsivos aos seus eleitores, as eleições simplesmente perderiam seu propósito. Os eleitores e seus representantes seriam meros espelhos um do outro. A representação se tornaria um princípio sem sentido; e os conflitos políticos alimentados pela separação entre o que "é" e o que "pode ser" ou "deveria ser" desapareceriam. Mas como as pessoas nem sempre estão de acordo e os representantes não são anjos, e como aos olhos dos representados eles nunca acertam as coisas e muitas vezes erram muito, as eleições são um meio vital de discipliná-los por terem decepcionado eleitores. Por meio de eleições, concluíram os amigos da democracia representativa, os eleitores — um corpo fictício chamado "o povo", que, na realidade, raramente concordam em assuntos públicos e privados — têm a chance de remover representantes do cargo e trocá-los por substitutos que prosseguem governando, mas apenas por um período limitado.

POPULISMO

Esse argumento político despertou problemas públicos. O desacordo amargo sobre os métodos eleitorais e a fúria contra os representantes eleitos atormentaram a democracia eleitoral. Como uma nova forma histórica de democracia, também provocou sérias disputas sobre o significado exato de "o povo". Comparada com a democracia de assembleia, a democracia eleitoral questionou a crença de que um bom governo deve ser baseado na opinião unânime, ou quase, de um corpo de pessoas que se reúnem pessoalmente. Esse novo tipo de democracia certamente preservou a velha tradição de assembleias populares em reuniões municipais, comícios de partidos políticos e manifestações públicas. Mas o que também era novo na democracia eleitoral era sua insistência de que, por razões de diversidade e distância, "o povo" não podia se reunir regularmente e, portanto, precisava governar por meio de seus representantes eleitos apoiados por partidos políticos que atuavam na sociedade civil.

Las Masas (As Massas), do célebre muralista mexicano José Clemente Orozco (1883-1949), é um retrato ambivalente da soberania popular onde "as massas" de trabalhadores e camponeses se assemelham a uma nova força sem cabeça, com múltiplos olhos e bocas, pés e mãos, um povo de bandeiras mobilizado contra um inimigo implícito. A imagem de 1935 lembra a violência que eclodiu no início da Revolução Mexicana de 1910, que custou a vida de até 1,5 milhão de pessoas e forçou várias centenas de milhares ao exílio.

Os crentes radicais na doutrina do povo soberano acharam essa nova fórmula censurável. O problema era este: quando medida pela definição frequentemente citada de democracia como "governo do povo, pelo povo, para o povo" (as palavras famosas usadas por Abraham Lincoln em Gettysburg para homenagear soldados que morreram na Guerra Civil Americana), a democracia eleitoral era um fracasso. Ela prometeu um governo baseado no princípio de que "o povo" é, fundamentalmente, "soberano", mas na prática fez o oposto. Não apenas tolerava o desmembramento do "povo" por partidos políticos e parlamentos briguentos, egoístas e facciosos; a democracia eleitoral era uma fórmula para entregar o poder a líderes eleitos que afastam "o povo" falando e agindo em seu nome e consultando-o diretamente apenas de vez em quando, durante as eleições. Só então, na hora solitária da última instância, "o povo" tinha o direito de ter a palavra final na determinação de quem governa. A democracia eleitoral desonrou desenfreadamente o princípio *vox populi, vox dei*. Ofereceu uma receita para a decepção: o triunfo da vontade dos representantes eleitos sobre as visões e interesses do povo despojado de sua soberania.

Não é surpresa que, com a disseminação de eleições disputadas de forma competitiva — primeiro em igrejas e cidades e depois em estados e impérios inteiros —, a democracia eleitoral foi regularmente atormentada por explosões populistas. Os antigos democratas das assembleias se preocupavam muito com a demagogia, mas o populismo, uma palavra cunhada apenas em meados do século XIX, acabou sendo uma grave doença autoimune da democracia eleitoral. Demagogos prometendo a terra e agindo em nome do "povo" tornaram-se comuns. Eles ajudaram a despertar esperanças de redenção, provocaram medo, aborrecimento e ressentimento entre os eleitores descontentes e, disse o romancista norte-americano James Fenimore Cooper na década de 1830, espalharam "intriga e engano", "gestão astuta e ardilosa" e "apelos a paixões e preconceitos, em vez de bom senso".[27]

Vejamos um caso inicial de populismo, na Argentina, onde, na década de 1820, o caudilho general Juan Manuel de Rosas (1793–1877) mostrou como a democracia eleitoral poderia dar origem a uma espécie completamente moderna de "cesarismo democrático", dominado pelo medo desconhecido pelos antigos.[28] Vale lembrar que, na era da democracia eleitoral, a América Espanhola não era atrasada. Entre 1810 e 1830, após a invasão da Espanha peninsular por Napoleão em 1807, todas as partes de seu império hispano-americano experimentaram os métodos de autogoverno representativo. A odisseia transformou a maior parte do continente (o Brasil permaneceu uma monarquia constitucional escravista intimamente ligada a Portugal) no lugar mais livre da terra — pelo menos no papel. Houve elogios generalizados aos princípios da independência republicana, confederação e governo federado. Eleições periódicas apoiadas por constituições escritas, liberdade de imprensa e sistemas multipartidários tornaram-se moda. Várias províncias argentinas marcaram o ritmo com ousadia: suas leis de sufrágio, as mais avançadas do mundo, excluíam mulheres e trabalhadores contratados de pele negra, mas estenderam o voto a todos os homens adultos, independentemente de sua educação ou classe. A Lei de Buenos Aires, em agosto de 1821, anunciou: "Todo homem livre, nascido no país ou simples residente, de 20 anos de idade ou mais, ou antes, se for casado, tem direito a voto."

O general Rosas aproveitou a tendência. Ele se apresentava como um líder corajoso e temível, um governo de um homem só, que era o salvador de seu povo e um demagogo adorável. Ele disse que estava encarregado da tarefa de limpar um "inferno em miniatura", um corpo político infectado com o vírus da anarquia política, instabilidade financeira e baixa moral pública. Em uma agradável noite de outono em Palermo, perto de Buenos Aires, ele fez um discurso apaixonado para seus partidários em linguagem protodemocrática sob uma touceira de umbu, famosa por suas raízes largas e rastejantes e troncos ocos. O homem que gostava de usar chapéu e poncho, esporas de prata nos calcanhares, chicote na mão, pronto para montar em seu cavalo a qualquer momento, disse que seu ideal era uma forma de governo definida por "ditadores autocráticos que foram os primeiros servos do povo".[29]

Rosas começou a experimentar a arte de usar eleições, plebiscitos e petições para desbancar seus adversários políticos. O legislativo e os tribunais foram esterilizados. As eleições foram transformadas em plebiscitos, inundadas por música alta, juramentos de fidelidade e fogos de artifício. Em todas as oportunidades, Rosas oferecia regalias a seus apoiadores: juízes de paz locais, oficiais militares, administradores, jornalistas de destaque, proprietários de fazendas, comerciantes ricos e qualquer outra pessoa disposta a se tornar vassalo do grande líder. Rosas se destacou em incentivar manifestações públicas de solidariedade. Os fiéis foram instruídos a se vestir de vermelho, a cor de suas forças federalistas. As mulheres eram instadas a carregar flores vermelhas, de preferência rosas, e usar fitas vermelhas no cabelo. O estilo para os homens era abertamente másculo: rostos ferozes; peitos hirsutos; bonés vermelhos, bandanas e distintivos de seda pedindo a morte de seus inimigos.

O homem do Povo também gostava de posar como homem de Deus. Rosas se aconchegou ao clero, e muitos de seus integrantes responderam usando fitas vermelhas, pregando em seu favor e organizando procissões de rua com retratos dele erguidos, para mais tarde serem exibidos nos altares perfumados de alecrim das igrejas locais. Enquanto isso, novas unidades de infantaria e artilharia foram formadas. Quase metade do orçamento anual do governo acabou sendo dedicado aos militares, enquanto, por motivos de paranoia e megalomania, ele construiu uma nova força policial privada chamada *mazorca*. Funcionava como um esquadrão da morte, realizando assassinatos seletivos (cerca de 2 mil pessoas perderam a vida) e farejando e caçando os "grupos inimigos" do "povo". Felizmente para o povo real das províncias argentinas, Rosas foi derrubado por uma aliança entre seus adversários domésticos e tropas brasileiras, e forçado ao exílio — para a Grã-Bretanha, onde, em reconhecimento de sua "bondade para com os mercadores britânicos que negociavam com seu país", ele recebeu asilo e foi recebido com uma salva de 21 tiros. O populismo era bom para os negócios, mas ruim para a democracia.

REVOLUÇÃO DEMOCRÁTICA

O populismo de Rosas mostrou que a democracia eleitoral era vulnerável às patologias que ela própria criava, sobretudo ameaçada pela demagogia do culto a dirigentes famintos por seguidores. Do final do século XVIII até a década de 1930, a questão política de quem contava como "o povo" desencadeou outros grandes problemas. Por fim, as classes trabalhadoras e as mulheres foram reconhecidas como dignas do direito de escolher seus representantes. Alguns povos coloniais, como no Senegal, foram até abençoados com o direito ao voto. E aconteceu a abolição formal da escravatura; nos Estados Unidos, uma sangrenta guerra civil separou a democracia eleitoral da assembleia baseada na escravidão.

Como vimos, o sonho radical de estender e universalizar a prática de "uma pessoa, um voto" nasceu de muitos conflitos de poder diferentes, muitos deles duramente combatidos em nome do "povo" e em oposição a grupos de poder, sejam príncipes, bispos e padres, proprietários de terras ou monarcas imperiais. Disputas sobre quem exatamente era o "povo" e quem tinha o direito de representá-lo colocaram todas as democracias eleitorais no limite. Houve insurreições, boicotes e muita violência estatal. Se grupos, como o clero, as classes proprietárias ou pessoas em determinadas regiões geográficas, tinham direito a representação privilegiada, essa provou ser uma questão controversa. Na Grã-Bretanha, o filósofo e político liberal John Stuart Mill (1806–1873) defendeu o "voto plural", com o número de votos desfrutado por cada pessoa proporcional ao seu nível de educação: um "trabalhador comum não qualificado" teria um voto enquanto um "graduado de qualquer universidade ou uma pessoa eleita livremente como membro de qualquer sociedade erudita" teria pelo menos seis.[30]

Surgiram conflitos sobre a questão relacionada de se e quando as minorias poderiam legitimamente superar os desejos das maiorias, para evitar uma "tirania da maioria" (John Adams), por exemplo, por meio de esquemas de representação proporcional ou pelo exercício de poderes de veto e emenda em câmaras baseadas em diferentes princípios de representação. Até a década de 1930, durante ataques de populismo, politicagem maldosa e corte de custos, os governos de Nebraska, Nova Escócia, Prince Edward Island, Manitoba, New Brunswick e Queensland — todos estados ou províncias dentro de uma federação — votaram pela abolição de suas câmaras superiores. Os estados federados, em geral, preservavam seus sistemas bicamerais, com câmaras altas eleitas em uma base diferente de representação, geralmente territorial. Esquemas imaginativos de "representação funcional" foram defendidos por grupos como os austro-marxistas e os socialistas das guildas inglesas, que defendiam o controle da indústria pelos trabalhadores, conselhos econômicos conjuntos e outros planos governamentais para permitir a representação dos trabalhadores, do tipo que prosperou brevemente após a Primeira Guerra Mundial na Alemanha, Tchecoslováquia e em outros países da Europa Central.

Os problemas em torno de quem tinha direito ao voto e o que significava representação também produziram muitos neologismos, como "democracia aristocrática" (que aconteceu pela primeira vez nos Países Baixos no final do século XVI), e novas referências, começando nos Estados Unidos, à "democracia republicana". Expressões posteriores como "social-democracia" (cunhada nos círculos da classe trabalhadora de Berlim por volta de 1840), "democracia liberal" e "democracia cristã" — até mesmo "democracia burguesa", "democracia operária" e "democracia socialista" — também se propagaram.

Os novos termos expressavam os muitos tipos diferentes de lutas de grupos e classes por igualdade de acesso ao governo que, no final, muitas vezes resultaram — por bem ou por mal — em vitórias para o direito de voto universal em iterações e instituições locais. Parecia a milhões que o princípio democrático moderno central de eleições periódicas livres e justas tinha a história do seu lado. Especialmente a partir da segunda metade do século XVIII, as lutas por um governo representativo, e, posteriormente, sua democratização, geraram grande comoção pública, pandemônio e esperanças de um futuro melhor.

Com um sopro de empoderamento do "povo" permanentemente no ar, os dois últimos séculos da era da democracia eleitoral desencadearam o que o escritor e político francês do século XIX Alexis de Tocqueville (1805–1859) chamou com precisão de "grande revolução democrática" a favor da igualdade política e social.[31] Ele observou que a democracia eleitoral prometia um modo de vida digno baseado no princípio da igualdade e previu que a escravização de pessoas por senhores "aristocráticos", bem como a dominação das mulheres pelos homens, estava entre as desigualdades que teriam dificuldade em sobreviver à revolução democrática. Desculpas e álibis para a desigualdade soariam cada vez mais insensíveis e publicamente pouco convincentes.

Tocqueville temia que a revolução democrática moderna pudesse ser sufocada por um Estado paternal todo-poderoso que inaugurasse um novo tipo de despotismo. Ele estava igualmente ciente de que a construção de impérios — e estava entre os defensores da colonização francesa da Argélia — exigia repressão à democracia eleitoral e que o domínio colonial era, portanto, vulnerável à resistência democrática dos colonizados. Seus escritos mostram um forte senso de que a democracia eleitoral estava permanentemente em experimentação, mas ele não previu os esforços organizados para reverter o direito ao voto — como nos Estados Unidos, onde os afro-americanos, após a sangrenta guerra civil travada em apoio à sua emancipação, viram-se vitimados por forças racistas empenhadas em estreitar e roubar o direito de voto de certos grupos, principalmente negros e pobres.[32] Ele também subestimou os perigos do populismo e, como veremos, os desafios colocados à democracia eleitoral pelos sistemas de mercado de produção e troca de mercadorias.

Homens votando usando pincéis de tinta (*máo bĭ*) durante a primeira eleição Legislativa de Yuan na China, realizada entre 21 e 23 de janeiro de 1948. Ela foi boicotada pelo Partido Comunista, e a participação foi baixa, mas estima-se que 150 milhões de votos foram depositados pelos cidadãos das províncias e municípios, das regiões do Tibete e da Mongólia, de vários grupos profissionais e cidadãos residentes no exterior. Essa foi a maior eleição realizada na era da democracia eleitoral e a última eleição nacional contestada realizada em solo continental.

No entanto, Tocqueville estava no caminho certo: a democracia eleitoral de fato ajudou a virar o mundo moderno de cabeça para baixo e de dentro para fora. Foi um golpe substancial contra a hierarquia de classes, o privilégio masculino, o autoritarismo político e a servidão colonial. A revolução democrática moderna enviou ondas de choque da região atlântica para todo o mundo. Alimentada pelos primeiros conflitos turbulentos e atos surpreendentes, como os levantes de artesãos nos Países Baixos, a execução pública do rei

Carlos I na Inglaterra e de Luís XVI na França e o levante de escravizados contra o domínio colonial francês em Saint-Domingue (hoje Haiti), ela colocou em xeque todas as formas de fanatismo antidemocrático que tratavam as desigualdades entre as pessoas como "naturais". Escravizados, mulheres e trabalhadores ganharam o direito ao voto. Pelo menos no papel, e com exceção dos povos indígenas, a representação acabou sendo democratizada, para incluir a maior parte da população. O espírito da democracia eleitoral se enraizou nas Filipinas, onde uma coalizão de cidadãos de classe média e rebeldes camponeses liderados por Emilio Aguinaldo proclamou a independência do domínio imperial espanhol (a revolta foi logo esmagada pela anexação americana e a intervenção militar). As eleições também chegaram à República da China, onde finalmente, em 1948, mais de 150 milhões de cidadãos votaram em uma eleição geral.

GUERRA E CAPITALISMO

Nos primeiros anos do século XX, a política de um bom governo baseado em votos para todos estava em movimento por toda parte. A vitória parecia estar muito próxima. A Itália era às vezes citada como exemplo do progresso que estava sendo feito: suas eleições gerais de 1861, dominadas por aristocratas poderosos, resultaram na unificação do país como Reino da Itália. Mas a mudança foi ferozmente combatida pelo papa; e em qualquer caso, o voto era restrito a homens alfabetizados com mais de 25 anos de idade que pagavam impostos. As eleições gerais de 1913 continuaram a ocorrer no mundo dos homens, mas o direito de sufrágio foi estendido a três novas categorias de homens: aqueles com 21 anos ou mais e alfabetizados; homens analfabetos que chegaram aos 30 anos de idade; e todos os homens que serviram no exército ou na marinha italiana. A tendência parecia fortuita. A história estava do lado do direito de voto universal e do governo representativo, ou assim pensavam muitos observadores. Eles estavam enganados — profundamente enganados.

A democracia eleitoral estava prestes a ser empurrada para pântanos repletos de predadores políticos. Para começar, nenhuma solução foi encontrada para os danos causados pelas rivalidades imperiais e pela competição feroz entre os Estados-nação armados. Por volta de 370 a.C., durante a era da democracia de assembleia, um notável agrupamento de estados cidadãos em Arcádia, no Peloponeso, formou-se na Liga Arcadiana. Concebida para levar a paz a uma região que havia sido dominada pelo poder espartano, a Liga se assemelhava a uma versão simplificada da União Europeia de hoje, na medida em que tentava formar uma confederação de duas camadas vinculada às regras de negociação e compromisso democráticos. Dirigido por uma assembleia regional chamada *myrioi*, ou "dez mil", mantinha um exército permanente baseado em sua nova capital, Megalópolis. Foi o primeiro experimento registrado em uma democracia transfronteiriça.

Nada disso aconteceu na era da democracia eleitoral. Notavelmente, durante a década de 1920, especialmente nos círculos sindicais e social-democratas e sufragistas, falou-se pela primeira vez de "democracia internacional". Mas em seu coração europeu, após uma guerra mundial devastadora, uma pandemia de gripe e o colapso de todos os impérios continentais, a linguagem e as esperanças práticas de democracia transfronteiriça foram deixadas de lado.

A democracia eleitoral se viu presa em um inferno político no qual prevaleceram estados territoriais soberanos, discutiram por duas décadas (1918–1938) e trouxeram outra guerra global catastrófica. Como na era da democracia de assembleia, as instituições de autogoverno não foram páreo para as calamidades mortais da guerra. A democracia eleitoral cedeu, em escala global.

Em seu famoso discurso dos Quatorze Pontos em janeiro de 1918, delineando um roteiro para acabar com a Primeira Guerra Mundial e promover a segurança coletiva, o presidente dos EUA Woodrow Wilson (1856–1924) incitou líderes e cidadãos de todos os lugares a apoiarem o princípio de uma "sociedade de nações livres". Não houve menção à democracia eleitoral, mas Wilson claramente tinha em mente um futuro em que cada estado e seu povo desfrutassem da autodeterminação, baseada em um governo que respeitasse as leis e no compromisso com eleições livres, além da liberdade de comércio. O desejo era substituir a guerra e os rumores de guerra por uma cooperação pacífica entre estados autônomos, apoiada por uma "associação geral de nações" cumprindo "alianças com o objetivo de fornecer garantias mútuas de independência política e integridade territorial a grandes e pequenos estados parecidos". Mas isso provou-se ilusório. Em breve haveria apenas onze democracias eleitorais formadas como "nação livre" em nosso planeta.[33]

Duas tempestades de aço globais tiveram efeitos desastrosos sobre os ideais e as estruturas da democracia eleitoral. A doutrina de estados "soberanos" autogovernados e protetores de suas nações — uma palavra frequentemente usada de forma intercambiável com a expressão "um povo" — havia prometido muito. Ofereceu aos cidadãos um senso de propósito e dignidade, um senso de pertencimento a um território fronteiriço, de estar "em casa", compartilhando com os outros não apenas o direito de votar, mas também um entendimento comum sobre culinária, música, piadas e memórias históricas, até mesmo gestos corporais. Na prática, o crescimento de estados opressivos impregnados pelos apelos populistas fanáticos dos líderes à nacionalidade provou ser divisivo, excludente e belicoso. A linguagem descabida usada por líderes como o chanceler Otto von Bismarck — "Alemães! Pensem com seu sangue!" — ajudou a preparar as pessoas para a guerra. Em uma linguagem pseudodemocrática pitoresca, demagogos populistas como Benito Mussolini tiraram então as conclusões militares. Como "a guerra é o estado normal do povo", ele bradou, "discursos feitos ao povo são essenciais para despertar o entusiasmo pela guerra". Qual a melhor forma de aguçar o apetite para a batalha? Plante "a bandeira nacional" no "monturo" de sua indignidade popular. Que vejam que existem "apenas duas pátrias no mundo — a dos explorados e a dos exploradores". Então, concluiu, o povo que anseia por autodeterminação e justiça estaria disposto a marchar para a guerra por sua pátria, provando que "cinquenta mil fuzis" valem mais que "cinco milhões de votos".[34]

O despertar do "povo" em Estados-nação armados até os dentes acabou sendo o presente assassino da Europa para si mesma e para o resto do mundo. A guerra era o produto inevitável de estados briguentos alimentados por pretensões nacionalistas. O mesmo aconteceu com a guerra civil, como foi na Irlanda, cuja divisão em dois estados em 1920 provocou massacres e tiroteios, forçando a minoria católica a viver em uma Irlanda do Norte governada por uma maioria protestante nacionalista britânica. Quase 3 mil civis foram mortos durante a subdivisão da ilha em dois estados-nação.

Soldados e paramilitares fascistas erguendo barretes pretos em homenagem a Mussolini em uma comemoração da Marcha sobre Roma na Piazza Venezia em 27 de outubro de 1929.

A democracia eleitoral foi igualmente amaldiçoada por outra ameaça para a qual não havia remédio fácil: o desafio de conciliar a visão democrática de igualdade com a destruição e a ganância das economias capitalistas ávidas por lucro. Vimos que as democracias de assembleias da Grécia impuseram restrições à produção e troca de mercadorias; quando os cidadãos adultos do sexo masculino se encontravam em público, eles se viam como os beneficiários de ordem superior das necessidades da vida produzidas por mulheres e escravizados na esfera inferior do *oikos*. A política superou a economia. Os democratas da assembleia não acreditavam que existisse uma "economia", cujas leis de acumulação tinham de ser respeitadas em nome do crescimento econômico sem fim. Em vários pontos, os defensores da democracia eleitoral moderna também se posicionaram contra o fetichismo da economia. Em nome da igualdade, as qualificações de propriedade para representantes eleitos foram abolidas. A democracia eleitoral ajudou a iniciar o processo de libertação das crianças das crueldades da fome, do chicote, do controle e da intimidação da família. Abriu-se espaço para sindicatos independentes, piquetes pacíficos e partidos políticos comprometidos com o fim da escravidão assalariada e da acumulação imprudente. Inspetorias de segurança de fábrica e conselhos de saúde foram estabelecidos. Os governos locais foram pressionados a fornecer sistemas de esgoto, remoção de lixo e água corrente limpa.

As reformas do Estado de bem-estar dos governos uruguaios lideradas por José Batlle y Ordóñez (1856–1929) foram exemplares. Elas demonstraram pela primeira vez em qualquer lugar da América Espanhola que era possível usar as instituições do governo representativo para criar uma sociedade mais igualitária — com efeito, para produzir um tipo de democracia eleitoral que se apoiasse em fundamentos sociais mais democráticos. Contra a oposição feroz de empregadores hostis, Batlle lutou com unhas e dentes pela jornada de trabalho de oito horas, seguro-desemprego, restrições de trabalho noturno, pensões de aposentadoria e padrões de segurança aplicáveis. O objetivo era desmercantilizar a vida cotidiana, enfraquecer o controle das forças do mercado em favor da igualdade social. Sob a direção de Batlle, foram aprovados o ensino médio universal gratuito e o ingresso de mulheres na universidade. Ele dizia repetidamente que a educação era direito de "todos, sem distinção de classe social"; a certa altura, ele chocou alguns cidadãos ao dizer que os pobres talentosos deveriam ter a oportunidade de se tornar estudiosos, enquanto os ricos sem talento deveriam plantar batatas.[35]

Essas foram conquistas impressionantes, mas, apesar delas, a democracia eleitoral em todo o mundo foi profundamente prejudicada por um sistema de produção e troca de mercadorias agressivo e orientado para o lucro chamado capitalismo. O economista político norte-americano Thorstein Veblen (1857–1929) observou com que facilidade a democracia eleitoral poderia ser convertida em "uma capa para cobrir a nudez de um governo que faz negócios para as classes mantidas".[36] Alguns críticos do capitalismo enfatizaram como suas promessas de "trabalho livre" foram contrariadas pela grande violência que ele acumulou sobre as pessoas, seja por saqueadores, piratas e traficantes de escravizados, ou por executivos industriais e comerciantes coloniais famintos por riqueza. Outros notaram a forma como a mentalidade capitalista corroeu o espírito democrático de igualdade digna para todas as pessoas. O capitalismo alimentou e espalhou a ganância, um apetite por poder arbitrário estimulado pelo narcisismo, pela conformidade vulgar, estupidez e demagogia.[37]

Em um panfleto amplamente lido que circulou logo depois que Hitler foi nomeado chanceler da Alemanha, o intelectual público inglês Harold Laski ressaltou a impossibilidade prática de combinar capitalismo e democracia parlamentar: "A democracia representativa parece ter terminado em um beco sem saída." A raiz definitiva das dificuldades atuais, argumentou Laski, era "a incapacidade do princípio da igualdade de encontrar expressão em uma estrutura de instituições que lhe negam a possibilidade de entrada efetiva". Essa era sua maneira de dizer que o principal impedimento era um sistema econômico fundado no controle que indivíduos, famílias e corporações ricas e poderosas tinham sobre recursos como petróleo, carvão, aço e altas finanças. Como a "classe governante não está disposta a alterar as características essenciais da sociedade capitalista em sua desvantagem", a prioridade política tinha que ser um "ajuste institucional completo", concluiu Laski. A violência deveria ser evitada. Seu uso ameaçava diretamente os princípios e as práticas da democracia. Em vez disso, a prioridade urgente era alterar, por meio de sindicatos e eleições gerais, o equilíbrio de poder entre o Estado e a economia, oferecendo "às massas a potencialidade de capturar a máquina política e usá-la para corrigir as desigualdades a que o regime econômico dá origem".[38]

Ao longo das décadas de 1920 e 1930, queixas semelhantes foram feitas por milhões de cidadãos e seus representantes. Eles reconheceram que o autogoverno baseado no princípio de uma pessoa, um voto, não era facilmente conciliável com uma economia baseada na concentração de riqueza e poder em poucas mãos. Havia uma história de fundo para as reclamações. Sim, houve momentos em que a ética e as instituições da democracia eleitoral e do capitalismo pareciam inseparáveis. A famosa fórmula "sem burgueses, sem democracia" capturou a forma como a disseminação do capitalismo em partes do mundo ajudou a erodir formas mais antigas de dependência desigual do tipo feudal, monárquico e patriarcal.[39] O avanço da produção e troca de mercadorias também desencadeou tensões produtivas entre o poder do Estado e os cidadãos proprietários e credores zelosos de suas liberdades públicas. O princípio de "nenhuma tributação sem representação" — filho das cidades do século XVI nos Países Baixos — nasceu dessas tensões. As fricções entre Estados e mercados também criaram espaço para a formação e florescimento de sociedades civis. O dinamismo inquieto, a inovação técnica e o aumento da produtividade do capitalismo moderno ampliaram o aprimoramento material e possibilitaram a ascensão de uma classe média. O capitalismo teve até a consequência não intencional de lançar as bases para a radicalização da sociedade civil, na forma de poderosos movimentos de massa de trabalhadores protegidos por sindicatos, partidos políticos e governos comprometidos em ampliar o direito de voto e construir as proteções do Estado de bem-estar.

Capitalismo e democracia eleitoral pareciam amigos, mas a amarga verdade é que a parceria sempre foi conturbada. A democracia eleitoral se viu ameaçada pela voracidade do capitalismo, pela forma como ele agravou a desigualdade e produziu resultados estruturados em classes, explorou a natureza de forma imprudente e gerou bolhas especulativas, cujo inevitável estouro gerou crises violentas. Ao longo da era da democracia eleitoral, essas apreensões muitas vezes geraram manias e trouxeram medo e miséria à vida das pessoas. No processo, desestabilizaram-se as instituições democráticas, forçando-as a cair como brotos delicados em uma geada — como aconteceu de maneira dramática, em escala global, durante as décadas de 1920 e 1930.

O FIM DA DEMOCRACIA ELEITORAL

Cercada por bancos em colapso, fugas de capitais e desemprego em massa, a democracia eleitoral em muitos países foi abalada por grandes distúrbios públicos, pressões por reformas institucionais, clamores de revolução contra o governo parlamentar e violência estatal. Grupos que se sentiram ameaçados pela democracia eleitoral recuaram desesperadamente. Um ilustre historiador relata: "Quanto mais a democratização avançava, mais provável era encontrar grande parte da burguesia do lado daqueles que advertiam, criticavam ou se opunham a uma democratização mais avançada."[40] A ocasião do descontentamento burguês com a democracia eleitoral foi fatídica: veio no momento em que o direito de votar em representantes finalmente passou a ser visto como um direito *universal*. Alguma coisa aconteceu.

A democracia eleitoral parecia amadurecer em toda a região atlântica, incluindo a Europa, onde entre 1919 e 1921 a maioria das restrições ao voto foi retirada, primeiro para homens adultos e depois — geralmente muito mais tarde — para todas as mulheres adultas. Mas à medida que crescia a pressão pela inclusão de mulheres, súditos coloniais e classes mais baixas, os governos começaram a ser puxados e esticados por sistemas multipartidários que desencadearam oscilações selvagens de uma facção política para outra. As eleições, a competição partidária e a divisão do poder de repente pareceram injustas, ineficazes e sem resposta às necessidades de milhões — não apenas para as fileiras crescentes de novos eleitores, mas também para os proprietários de terras e seus aliados militares. Segurados por um fio, os governos iam e vinham a um ritmo alarmante; depois de 1918, quase não havia países europeus abençoados por governos que durassem mais de doze meses. Alguns parlamentos sofreram um colapso nervoso, fragmentados pela multiplicação de partidos furiosos e pelo repetido colapso do poder executivo; não era incomum ver câmaras arruinadas por deputados vociferando insultos, ou jogando cadeiras, como se estivessem participando de um espetáculo selvagem. Com as sociedades civis desgastadas por divisões de classe, etnia e nacionalidade, as tensões sociais e os conflitos políticos resultantes logo cobraram seu preço. O governo parlamentar implodiu. A oposição armada à democracia eleitoral se demonizou.

Entre os principais inimigos da democracia durante esse período estavam os defensores da *tirania roxa*: Estados fortes governados por monarcas empenhados em reverter a maré do sufrágio universal e da democracia parlamentar. A constituição da Iugoslávia foi reescrita após o golpe real de 1929 protagonizado pelo rei Alexandre (que já havia ascendido ao trono porque seu irmão mais velho fora considerado inapto depois de chutar seu servo até a morte em um ataque de raiva). A nova constituição transferiu o poder executivo para o rei, que nomeou diretamente metade da alta câmara do parlamento, e garantiu que a legislação pudesse se tornar lei com a aprovação de apenas uma casa, desde que tivesse a aprovação do rei. O novo sistema eleitoral efetivamente reverteu a franquia, restaurando a votação aberta em círculos eleitorais rurais, já que funcionários públicos foram subornados e intimidados a votar no partido do governo.

Os apelos por uma liderança forte e decretos de emergência também prosperaram. As trombetas soaram por *ditaduras armadas*, apoiadas por conversas entre "o povo". "Estou convencido", disse o ditador português António Salazar (1889–1970), em 1934, "que dentro de vinte anos, se não houver algum retrocesso na evolução política, não haverá mais assembleias legislativas na Europa".[41] Ele falou sério. O mesmo fez o marechal Józef Piłsudski (1867–1935), ex-comandante-chefe do exército polonês, que entrou no vácuo político produzido pelo governo instável, pela hiperinflação e pelo assassinato do presidente polonês Gabriel Narutowicz (1865–1922). Organizando um golpe de estado em 1926, Piłsudski fraudou as eleições, ganhando 46,8% dos votos nas eleições de 1930; prendeu e julgou os principais líderes da oposição; e, em 1935, impôs uma nova constituição que legalizou a ditadura.

DEMOCRACIA ELEITORAL 135

Uma celebração em massa do 2.600º aniversário dos imperadores japoneses no Palácio Imperial, Tóquio, em novembro de 1940. Após o hino nacional, apresentações musicais e discursos do primeiro-ministro Fumimaro Konoe e do imperador Hirohito, todos transmitidos ao vivo pela rádio nacional, a multidão de 50 mil pessoas gritou três vezes "Viva Sua Majestade o Imperador".

A notável exceção à tendência no continente europeu foi a Tchecoslováquia. A sétima maior economia do mundo e, de longe, a democracia eleitoral mais durável da Europa Central foi destruída de fora por um terceiro tipo de política antidemocrática nunca antes experimentada na história da democracia: o *totalitarismo*. Primeiro irrompeu na cena política na Rússia e na Itália, e logo se espalhou para a Alemanha de Weimar, cuja crise permanente abriu o caminho para a ascensão de Hitler; no Japão, havia o "fascismo de cima", ou o "fascismo legal", expressão cunhada pelo jornalista Hasegawa

Nyozekan (1875–1969). O que era tão ameaçador no totalitarismo era sua pretensão sinistra de ser uma forma superior de democracia. Seus defensores desprezavam as eleições. Hitler insistiu na democracia parlamentar como uma grande ameaça às elites dominantes naturais. O general de óculos Tōjō Hideki (1884–1948), líder durante a guerra do governo fascista do Japão, baniu partidos políticos e, no final de abril de 1942, organizou uma "eleição geral para apoiar a guerra da Ásia Oriental". Os novos totalitários juravam que o estado totalitário era a encarnação do povo soberano no líder. A "Declaração dos Direitos do Povo Trabalhador e Explorado" bolchevique de 1918 e o discurso pomposo dos nazistas de uma *Volksgemeinschaft*, ou "comunidade do povo", expressavam o sentimento de que o totalitarismo era o domínio das massas mobilizadas, para as massas, pelos líderes das massas, apoiadas pelos punhos de ferro do poder político implacável, propaganda organizada, terror, campos de concentração e culto à violência.

Como se por uma conspiração de demônios, as experiências de guerra total e crise econômica, e a ascensão da tirania roxa, ditadura militar e totalitarismo juntos provassem que a democracia eleitoral não era abençoada com a inevitabilidade. Sua sorte certamente não foi ajudada por ataques a seus princípios fundamentais por intelectuais e jornalistas proeminentes. O líder liberal da Itália, Benedetto Croce (1866–1952), disse que eleições com sufrágio universal eram a receita para destruir a liberdade e favorecer demagogos e outros aventureiros. Em seu livro *Phantom Public* (1925, *O público imaginário*, em tradução de Portugal), o mais ilustre colunista político dos EUA, Walter Lippmann (1889–1974), causou uma certa sensação ao sugerir que a democracia representativa foi fundada no mito falso do "cidadão soberano e onicompetente". A maioria dos eleitores, disse ele, tinha apenas "um interesse casual pelos fatos". Eram principalmente criaturas confusas e atordoadas, "tão aturdidas quanto um cachorrinho tentando lamber três ossos ao mesmo tempo".

Pensamento semelhante guiou o novo negócio de pesquisas de opinião e relações públicas. O sobrinho de Sigmund Freud, Edward Louis Bernays (1891–1995), estava entre seus fundadores. Denominando-se um "advogado de relações públicas", ele empurrou as fronteiras das técnicas de amostragem e persuasão pública para o que chamou de "engenharia do consentimento". Ele tinha certeza de que os eleitores eram criaturas sugestionáveis, movidas por energias libidinais que precisavam de sublimação, contenção e ordenação. Campanhas publicitárias elaboradas de forma inteligente e gerenciadas por especialistas e líderes podem mudar crenças. Suas contribuições ao Comitê de Informação Pública, uma unidade de propaganda sediada em Washington encarregada de convencer o povo norte-americano de que a Primeira Guerra Mundial "tornaria o mundo seguro para a democracia", convenceram-no disso. Bernays explica sua convicção de que a democracia eleitoral não tinha futuro:

> A manipulação consciente e inteligente dos hábitos organizados e das opiniões das massas é um elemento importante na sociedade democrática. Aqueles que manipulam esse mecanismo invisível da sociedade constituem um governo invisível que é o verdadeiro poder governante de nosso país... Somos governados, nossas mentes são moldadas, nossos gostos formados, nossas ideias sugeridas em grande parte por homens de quem nunca ouvimos falar... São eles que puxam os fios que controlam a mente do público.[42]

As metáforas eram más notícias para quem ainda acreditava que os eleitores em eleições livres e justas escolhiam seus representantes de forma racional e sábia. Falar de puxadores de fios invisíveis controlando as mentes públicas era um ataque frontal aos princípios do "governo democrático, mas representativo". Isso nos lembra de que não houve era de ouro da democracia eleitoral, simplesmente porque — com menos de uma dúzia de exceções —, em quase todo o mundo, sua forma pura nasceu morta durante as três primeiras décadas do século XX. Seus oponentes lutaram com uma garra implacável, e com grande sucesso, contra sua suposta incompetência, suas falhas fatais e seus supostos efeitos maléficos. Eles queriam provar por suas ações que a democracia eleitoral — considerada por Winston Churchill a pior forma de governo, exceto todas as outras formas que até então haviam sido tentadas — era mera bobagem. O sucesso veio em seu caminho. Usando rádio, jornais e propaganda em filmes, tanques e aviões de combate, gás venenoso, arame farpado e campos de concentração, eles mostraram que a história poderia ser feita para a democracia eleitoral órfã — para sequestrar e depois matar sua alma e essência.

PARTE III

DEMOCRACIA MONITÓRIA

A HISTÓRIA DO PASSADO DA DEMOCRACIA ATÉ AGORA contada nestas páginas tem como objetivo imitar o espírito renegado da democracia. Questionou as narrativas reinantes fabricadas por seus inimigos, lançou dúvidas sobre os pontos cegos mentais, erros táticos e preconceitos dos democratas do passado e observou da maneira mais honesta possível as incertezas e grandes incógnitas do passado da democracia. Muitos ancestrais silenciados da democracia receberam voz. Supondo que a democracia só possa ser vivida para a frente, compreendendo a si mesma de trás para a frente, estas páginas argumentaram por mais democracia para a história da democracia.

Mas a tarefa de discutir as mudanças no destino contemporâneo da democracia é algo formidável. A história diante de nós é sempre a mais difícil de definir e avaliar. As coisas se tornam mais desafiadoras por disputas fracionadas entre historiadores e pensadores políticos sobre como dar sentido às mudanças que dizem ter acontecido ou não. Para alguns, nossa geração é uma história gloriosa do triunfo da democracia "liberal". Para outros, o velho espírito da democracia de assembleia — as pessoas decidindo as coisas pessoalmente — está fazendo um grande retorno e se vingando das falsas promessas da democracia eleitoral. Outros, ainda, dizem que os objetivos extravagantes da democracia foram deixados de lado pelas forças predatórias do poder estatal, do populismo e do capitalismo de maneira vergonhosa, e que a democracia, agora enfrentando uma catástrofe global para nossa espécie como um todo, está sofrendo uma irrelevância crescente ou um declínio terminal.[1] Essas interpretações precisam ser consideradas, mas não são totalmente convincentes. Uma coisa pode ser dita com segurança quando se olha para trás, para a profusão de acontecimentos desde 1945: contra enormes probabilidades, em circunstâncias terríveis, desafiando o colapso econômico, a ditadura, o totalitarismo e a guerra total, os ideais e as instituições da democracia desfrutaram de uma reencarnação. Suas qualidades "selvagens" floresceram, impulsionadas pelo que veio a ser chamado de "poder popular" — a resistência intrépida e a determinação dos cidadãos de impor limites a governos corruptos, autoritários e violentos que haviam excedido seus limites, abusado de sua autoridade, falhado em entregar em suas promessas e trouxeram grandes males ao mundo.

Esse rejuvenescimento e essa metamorfose provaram mais uma vez que as instituições democráticas e os modos de vida não são imutáveis, e que as democracias podem se democratizar inventando novos métodos de autogoverno popular em contextos anteriormente intocados por seu espírito. Depois de 1945, o mundo testemunhou o nascimento de uma nova espécie: a democracia monitória. A transformação foi surpreendente e global. Pela primeira vez na história, a linguagem vivida da democracia se tornou familiar para a maioria das pessoas — mesmo que muitas vezes tivesse um sotaque norte-americano. O resultado foi que a democracia monitória foi a julgamento nos quatro cantos do mundo.

Nelson Mandela, com sua então esposa, Winnie, chegando à prefeitura da Cidade do Cabo vindo da Prisão Victor Verster, recebido por uma enorme multidão de apoiadores vitoriosos clamando para ouvir seu herói recém-libertado falar suas primeiras palavras.

A chegada da democracia ao extremo sul da África foi um exemplo disso. Em meados de fevereiro de 1990, milhões de pessoas em todo o mundo, grudadas em suas televisões, assistiram Nelson Mandela (1918–2013) sair da prisão depois de 27 anos. Na Cidade do Cabo, ele foi recebido sob um sol escaldante por uma multidão estimada de 250 mil pessoas tentando desesperadamente ter um vislumbre de seu líder. Cidadãos irromperam em canções, punhos cerrados, dançaram, agitaram bandeiras; a certa altura, com inaudíveis chamadas de megafone para voltar, dezenas de pessoas se revezaram para ficar de pé ou se sentar no porta-malas do carro de Mandela. A aglomeração foi tão grande que os marechais levaram mais de duas horas para conduzi--lo ao palanque da prefeitura. Lá, ele ficou quieto por vários minutos, acenando para a assembleia gentilmente, antes de levantar as mãos pedindo silêncio. Pontuado pelos gritos da multidão, seu discurso de vinte minutos, certamente um dos maiores do período pós-1945, anunciou o início do fim do apartheid. "Lutei contra a dominação branca e lutei contra a dominação negra", disse ele com uma voz forte e clara. "Sempre defendi o ideal de uma sociedade democrática e livre na qual todas as pessoas vivam juntas em harmonia e com oportunidades iguais. É um ideal pelo qual espero viver e o qual almejo alcançar. Mas, se for necessário, é um ideal pelo qual estou disposto a morrer."[2]

Em quase todo lugar, parecia que os governantes haviam perdido o enredo — e o argumento — e foram empurrados para trás em situações extremamente dramáticas reproduzidas como grandes eventos da mídia. Em março de 1946, o escritor francês Albert Camus (1913–1960) disse a uma plateia de Nova York que o mundo havia sido "governado pela vontade de poder", dilacerado pelas divisões entre senhores e escravizados e pela "hipocrisia monstruosa" de não mais tratar o sofrimento humano como escandaloso. As coisas tinham que mudar. A tarefa política daí em diante era "lutar contra a injustiça, contra a escravidão e o terror" e criar um mundo em que as pessoas entendessem que ninguém tem "o direito de decidir que sua própria verdade é boa o suficiente para impô-la aos outros". O poder retórico do discurso "Encontro com o destino", do primeiro-ministro indiano Jawaharlal Nehru — na véspera do nascimento da República Democrática da Índia —, foi mais tarde acompanhado pelo emocionante discurso *"Ich bin ein Berliner"*,* do presidente dos EUA John F. Kennedy, transmitido pelo rádio para milhões de pessoas em todo o mundo durante a última semana de junho de 1963. Perdoado pelos moradores locais por se comparar a um alemão ruim e a um donut de geleia, Kennedy falou da indivisibilidade da liberdade e declarou que os democratas do mundo

---

* Do alemão, "Eu sou um berlinense." [N. do T.]

eram elegíveis para a cidadania de Berlim. "A liberdade tem muitas dificuldades e a democracia não é perfeita, mas nunca tivemos que erguer um muro para manter nosso povo aqui, para impedi-lo de nos deixar", disse ele, sob aplausos selvagens.[3]

Na longa onda de democracia que varreu muitas partes do globo depois de 1945, as plataformas de mídia direcionaram seus microfones e suas câmeras para figuras menos conhecidas; alguns desses democratas desconhecidos tornaram-se celebridades globais. Um jovem, carregando sacolas de compras, deteve uma coluna de tanques do exército chinês um dia após um massacre na Praça da Paz Celestial. Uma mulher, Aung San Suu Kyi — seu nome em birmanês significa "uma brilhante coleção de estranhas vitórias" — enfrentou um pelotão de fuzilamento depois que as tropas que receberam ordens para abreviar sua vida de repente perderam a vontade de puxar o gatilho.

Os milagres nem sempre aconteciam. As primeiras décadas após 1945 testemunharam muitos retrocessos para a democracia. Esse foi o caso das petroditaduras ricas em petróleo do Oriente Médio e das ex-colônias da África Subsaariana, mas também no Brasil, onde uma junta militar apoiada pelos EUA governou com punho de ferro por várias décadas, e a República da China, onde os resultados das eleições legislativas de janeiro de 1948 foram destruídos em poucos meses pela desordem generalizada e pela violência de uma tomada revolucionária liderada pelas forças comunistas de Mao Tse-tung (1893–1976). Cientistas políticos apontaram que um terço das 32 democracias multipartidárias em funcionamento no mundo em 1958 haviam, em meados da década de 1970, caído em alguma forma de ditadura; em 1962, 13 dos governos do mundo foram produtos de um golpe de estado; em meados da década de 1970, o número de ditaduras militares quase triplicou, chegando a 38.[4]

Usando fitas vermelhas — fazendo uma saudação de vitória de três dedos contra a escravidão militar —, professores da Universidade de Educação de Yangon aderiram à campanha de desobediência civil em Mianmar no início de fevereiro de 2021. Após o golpe de estado daquele mês, mais de 10 mil professores foram suspensos e mais de 700 estudantes universitários e de ensino médio foram presos, muitos deles torturados.

Os reveses militares foram frequentemente violentos — como em Atenas em meados de novembro de 1973, quando em nome da *dēmokratia* vários milhares de estudantes se entrincheiraram dentro de seu campus e usaram sua estação de rádio pirata para transmitir um apelo pela derrubada do governo militar do coronel Papadopoulos (1919–1999). O ditador respondeu despachando um tanque para arrombar os portões do *campus*; várias dezenas de estudantes e simpatizantes foram baleados, alguns por atiradores militares. Na Universidade Estadual de Kent, em maio de 1970. O bombardeio norte-americano na Indochina reverberou em seu próprio solo quando estudantes que protestaram foram massacrados por homens da Guarda Nacional mascarados e pesadamente armados, que atiraram e mataram quatro deles, feriram nove e obrigaram o resto a rastejar para a segurança em meio a gás lacrimogêneo e poças de sangue e vômito*. O massacre foi a primeira vez em que estudantes tinham sido mortos em uma reunião antiguerra na história dos EUA. Na ex-colônia francesa da Argélia, algo muito pior aconteceu. No final de 1991, após abolir as proibições de partidos políticos, o partido da oposição islâmica *Front Islamique du Salut* (FIS) conquistou a maioria parlamentar. Os resultados foram rapidamente anulados pela intervenção militar. Foi declarado estado de emergência. O FIS e suas administrações de conselho local e regional foram dissolvidos. O país mergulhou em uma sangrenta guerra incivil que durou uma década.

Não pela primeira vez na história da democracia — pense na Tailândia após o golpe militar de 2014, ou na revolução dos colonos norte-americanos contra os casacas-vermelhas do Império Britânico —, a força armada produziu resistência cidadã e algumas surpresas espetaculares. Houve a Costa Rica, que aboliu seu exército permanente em 1948; e a humilhação política do governo militar do Kuomintang (KMT) por revoltas cidadãs em Taiwan.[5] A disposição dos oficiais militares de se retirarem dos negócios confusos do governo foi reforçada pela não violência de seus oponentes nas ruas. Devido às catástrofes do século XX, os democratas de todos os lugares ansiavam por um mundo sem arame farpado e aguilhões para gado, tanques e gás lacrimogêneo, para viver sem se incomodar com o barulho das botas nas ruas. O democrata polonês Adam Michnik disse: "Como regra, as ditaduras garantem ruas seguras e o terror da campainha. Na democracia, as ruas podem ser inseguras depois de escurecer, mas o visitante mais provável nas primeiras horas será o leiteiro."[6] A

---

* O autor se refere à Indochina, mas o que estava em questão era a Guerra do Vietnã. [N. do T.]

piada se aplicava a Portugal, onde no início de 1974 jovens oficiais do Movimento das Forças Armadas derrubaram a ditadura de Marcello Caetano (1906–1980). Os principais prédios do ministério, escritórios postais e de telecomunicações e estações de transmissão foram ocupados, juntamente com os aeroportos do país. Enormes multidões reuniram-se nas ruas de Lisboa para aplaudir os soldados em operação. Cravos recém-cortados foram colocados nos canos de seus rifles. Caetano se rendeu em poucas horas. Após a morte do ditador fascista general Franco, em novembro de 1975, o governo militar da vizinha Espanha teve o mesmo destino.

O desgosto público pela violência militar veio à tona regularmente durante as décadas seguintes. Nas Filipinas, oficiais eleitorais ajudaram a desencadear a queda do governo militar liderado pelo general Ferdinand Marcos (1917–1989), recusando-se, no meio da noite, a continuar contando cédulas de votos fraudados. Na América Latina, o Brasil se livrou da ditadura mais violenta e criminosa de sua história. A abertura política restabeleceu a liberdade de imprensa juntamente com o *habeas corpus*, a anistia para presos políticos, a liberdade de formação de partidos políticos e as eleições diretas para governadores de Estado. Fiel à sua reputação de laboratório democrático da América Latina, o Uruguai já havia dado o passo quando uma maioria decisiva de cidadãos (57%) se opôs ao seu próprio governo militar em um plebiscito de novembro de 1980 para decidir sobre uma nova constituição tendenciosa principalmente ao poder Executivo. Como ainda havia a lei marcial, os vencedores não podiam sair às ruas para comemorar. Assim, vestiram-se de amarelo, a cor da oposição democrática, e seguiram o conselho do dono da rádio de Montevidéu, Germán Araújo, de espalhar uma "revolução do sorriso": curvas nos lábios para demonstrar seu magnífico triunfo a amigos, colegas e desconhecidos nas ruas.

Em 25 de abril de 1974, tropas portuguesas amotinadas do quartel de Santarém levaram seus tanques e outros veículos blindados para o centro de Lisboa e ocuparam o Terreiro do Paço, onde cidadãos nervosos lhes ofereciam cravos nas cores rosa, vermelho e branco. Essa data marcou o início de uma revolução política em favor do que os oficiais subalternos chamaram de "democratização, descolonização e desenvolvimento".

UMA REVOLUÇÃO DE VELUDO

Um sentimento de alegria urgente infundiu a maior vitória global para o espírito e as instituições da democracia depois de 1945: as revoltas cidadãs que abalaram a Estônia, Polônia, Alemanha Oriental e outros países da Europa Central e Oriental e ajudaram a desencadear a queda do império soviético durante o verão e outono de 1989.

Eventos impressionantes que vieram a ser conhecidos como a Revolução de Veludo dominaram a Tchecoslováquia.[7] A frase foi tirada de uma música de uma das bandas de rock mais interessantes de Nova York dos anos 1960, o Velvet Underground, o que era irônico, considerando que o primeiro dia da revolução estava repleto de uma violência medonha.

Na noite de 17 de novembro de 1989, uma multidão de 15 mil estudantes se reuniu pacificamente do lado de fora do Instituto de Patologia em Praga para homenagear a morte de um estudante vítima da ocupação nazista cinquenta anos antes. A homenagem teve a bênção do Partido Comunista no poder; a lista de oradores foi selecionada por sua União da Juventude Comunista. Os enlutados deveriam marchar para o túmulo Slavín, no distrito de Vyšehrad em Praga, onde o poeta do século XIX Karel Hynek Mácha (1810–1836) foi enterrado. Ficou acordado com as autoridades que velas seriam acesas, coroas e flores colocadas, e o hino nacional cantado, e logo após, a procissão se dispersaria.

Não foi assim. Milhares de estudantes empertigados se dirigiram espontaneamente para a Praça Venceslau, cantando o hino nacional. Uma tropa de policiais de rosto sombrio empunhando cassetetes cortou as fileiras das melhores mentes do país. Gritos e cantos irromperam. O som das botas foi temporariamente abafado por gritos de "estamos desarmados" e "sem violência!" Os manifestantes conseguiram se livrar de seus oponentes e marchar desafiadoramente em direção à praça. Dezenas de curiosos se juntaram em silêncio, como monges se apressando a rezar. Os clientes do café tomaram suas bebidas e se juntaram à multidão.

Quando a manifestação chegou ao Teatro Nacional, atores e funcionários do teatro também se reuniram a eles. Isso deu coragem aos jovens manifestantes. Eles cantavam em tom desafiador: "Junte-se a nós — a nação está se ajudando." Os números logo aumentaram para mais de 50 mil pessoas; depois de todos os anos de isolamento, de vigilância e divisão ideológica, era como se as pessoas não se cansassem da companhia umas das outras.

Durante a noite que desencadeou a Revolução de Veludo, os manifestantes de Praga responderam à violência policial na Praça Venceslau realizando um protesto pacífico, acendendo velas, cantando slogans e pedindo o fim do regime comunista.

Por volta das 20h, ao entrar na avenida Národni Třída, a manifestação foi recebida pela tropa de choque de capacete branco determinada a impedir que os manifestantes chegassem à praça. Temendo uma repetição de um massacre no estilo de Tiananmen, a multidão percebeu que estava à mercê da polícia. "Estamos de mãos vazias", gritaram, mas a polícia, tendo fechado todas as rotas de fuga, atacou os estudantes e levou centenas para a prisão.

E assim chegou o momento em que tudo mudou. "Sem violência", alguns gritaram. Outros insultavam seus captores com "Liberdade!" Outros ainda batiam chaves. Um punhado de mulheres deu flores para a polícia carrancuda. Centenas de velas foram acesas. "Estamos de mãos vazias! Sem violência! Liberdade! Liberdade!", cantavam os crentes no poder das velas, a luz amarela piscando no rosto de todos.

Eles logo seguiriam seu caminho. O tempo do comunismo tinha acabado.

DEMOCRACIA LIBERAL TRIUNFANTE?

O drástico colapso do império soviético sob pressão do "poder popular" agitou a imaginação dos intelectuais, especialmente nos Estados Unidos, onde interpretações bastante extravagantes de "o mundo está se tornando igual a nós" rapidamente se tornaram ortodoxias. Um *think tank** chamado *Freedom House* pretendia mostrar que, em 1900, quando monarquias e impérios ainda predominavam, não havia democracias eleitorais com sufrágio universal e eleições multipartidárias competitivas. Havia algumas "democracias restritas" — vinte e cinco, representando apenas 12,4% da população mundial. Em 1950, com o início da descolonização e a reconstrução pós-guerra do Japão e da Europa, havia 22 democracias, representando 31% da população mundial, e mais 21 democracias restritas, cobrindo 11,9% da população mundial. No final do século, o relatório observou que a democracia havia chegado às margens da América Latina, da Europa pós-comunista e em partes da África e da Ásia. Pelo menos no papel, 119 dos 192 países poderiam ser descritos como "democracias eleitorais" — 58,2% da população global. Oitenta e cinco deles — 38% dos habitantes do mundo — desfrutavam de formas de democracia "respeitadoras dos direitos humanos básicos e do estado de direito". Assim, o relatório descobriu que o ideal de "democracia liberal" estava agora ao alcance prático de todo o mundo. "Em um sentido muito real", dizia a efervescente conclusão, "o século XX tornou-se o 'Século Democrático'", definido pela "extensão do direito de voto democrático a todas as partes do mundo e a todas as principais civilizações e religiões".[8]

---

* *Think tank* pode ser definido como uma instituição dedicada a produzir conhecimento sobre temas políticos, econômicos ou científicos. [N. do T.]

Uma história semelhante foi contada pelo homem do "fim da história", Francis Fukuyama (1952–), que disse que o colapso do comunismo provou que "a questão de classe foi realmente resolvida com sucesso no Ocidente", e os ideais da democracia representativa liberal — eleições livres e justas, respaldadas pelo respeito aos direitos civis e garantias de propriedade privada e livre mercado — finalmente esmagaram seus concorrentes. Talvez, especulou Fukuyama, o mundo agora estivesse no "ponto final da evolução ideológica da humanidade", com a "democracia liberal ocidental"... a forma final do governo humano".[9]

Esse foi um grande, porém tendencioso, debate. Sua presunção de que a democracia liberal ao estilo norte-americano era o padrão-ouro não foi surpresa. Talvez fosse de se esperar de um império global cujos intelectuais dominantes viam o mundo de forma narcisista, através das lentes estreitas de sua autoimagem inquestionável. Porém a certeza foi equivocada, mais obviamente porque o período desde 1945 testemunhou a invenção e difusão de muitos costumes democráticos incomuns que desafiavam as normas da democracia liberal norte-americana. À medida que o mundo passou a ser moldado pela democracia, poderíamos dizer que ela se tornou mundana, mais cosmopolita e menos dogmaticamente liberal.

Considere o caso instigante, mas não atípico, do Senegal, o país da África Ocidental onde a importação de eleições da Europa mostrou que a democracia podia se misturar com a *négritude* (um sentido positivo pan-africano de negritude) e se fundir com uma sociedade muçulmana predominantemente agrária para produzir costumes incomuns que simplesmente não eram descritíveis como "democracia liberal".[10] Ali estava um povo introduzido aos costumes islâmicos do outro lado do Saara por mercadores berberes em meados do século XV; um território onde a política eleitoral de forma limitada remonta a 1848, quando (inusitadamente) os direitos de voto foram concedidos pelas autoridades coloniais francesas aos homens adultos dos principais assentamentos urbanos; um país cujas elites francófonas pensavam na *démocratie* como sinônimo de igualdade perante a lei, liberdade de associação, imprensa livre e realização de eleições justas e abertas a todos. Sob o colonialismo, os eleitores eram apenas uma pequena minoria da população, mas a cultura do voto e das eleições se espalhou gradualmente, culminando com a vitória do sufrágio masculino e feminino em 1956. Após a independência em 1960, o governo de Léopold Sédar Senghor (1906-2001) fez o possível para transformar o país em um sistema de partido único. Tentativas de banir partidos da oposição e fraudar eleições falharam, em parte devido ao forte apoio à *demokaraasi* entre a maioria muçulmana de língua *wolof* do Senegal.

Em uma notável mudança de coordenadas culturais, alguns líderes partidários e jornalistas, e muitos cidadãos, aprenderam a comparar partidos políticos e eleições ao local sagrado de culto, a mesquita. As eleições eram vistas como mais do que a deposição de um governo por meio de cédulas, não de balas. Eram momentos em que os partidos e seus dirigentes se assemelhavam a muezins, cuja função é ficar em cima do minarete para chamar os fiéis — eleitores — à oração. Os leigos podem se tornar muezins no islamismo senegalês, então qualquer um pode formar e liderar um partido. Assim como ocorre na mesquita, a *demokaraasi* baseia-se no princípio da rotação dos muezins sob a supervisão do imã, aquele que fica diante dos fiéis reunidos para conduzi-los em oração. Aqueles que chefiam o governo se assemelham ao imã (a raiz árabe "imã" significa "na frente de"); apoiados pela comunidade mais abrangente e supervisionados à distância pelos verdadeiros detentores do poder, as irmandades religiosas, espera-se que os líderes guiem os outros na vida cotidiana com a ajuda dos partidos, com base no fato de terem sido colocados à frente — escolhidos — pela comunidade mais abrangente.

As orações de sexta-feira podem transbordar para as ruas de Dakar, Senegal, um país cujos cidadãos — que compõem dez grupos étnicos distintos — são em sua maioria muçulmanos declarados.

Na prática, a analogia entre a mesquita e a democracia provou ser um desafio. Despertou disputas públicas entre os cidadãos senegaleses sobre como os imãs e os políticos são escolhidos, se os imãs têm direito de veto contra governos eleitos e como os governos de mandato limitado e lobby poderiam lidar melhor com as realidades da pobreza, discriminação contra mulheres e pessoas com deficiência, exploração corporativa de recursos naturais e evasão fiscal. Ainda assim, não há como negar que — para muitos senegaleses — a "democracia da mesquita" (como poderíamos chamar a mutação) foi significativa. Pois decorreu de sua maneira de pensar sobre a *demokaraasi*, que ela era mais do que apenas um método mundano de selecionar um governo com base no consentimento da comunidade; envolto em linguagem sagrada, era um modo de vida, um conjunto de crenças e instituições que unem o povo na presença do divino. *Demokaraasi* significava compartilhar recursos, reconhecimento mútuo, chegar a um consenso de governo e solidariedade comunitária. *Demokaraasi*, nesse sentido, não conhecia distinção entre o sagrado e o profano. Em vez disso, parecia uma comunidade de crentes unidos pela busca por harmonizar suas diferenças por meio de um governo multipartidário e boa liderança, sob o olhar atento de um deus exigente.

A ASCENSÃO DA DEMOCRACIA MONITÓRIA

Acontecimentos no Senegal, na África do Sul, no Brasil e em outros lugares mostraram que, nas décadas após 1945, a democracia não era mais um assunto ocidental de pele branca — como tinha sido, digamos, quando lorde James Bryce escreveu seu clássico *Modern Democracies* (*Democracias modernas*, em tradução livre) em 1921, ou quando um historiador da democracia baseado em Natal falou do governo parlamentar baseado em eleições como "em grande parte o resultado do caráter e do desenvolvimento histórico dos ingleses", e por isso inadequado para "estados onde a população não exibe os mesmos talentos ou interesse na gestão dos negócios públicos".[11]

Sim, em termos gerais, as muitas espécies diferentes de democracias que surgiram em todos os continentes ainda pertenciam ao gênero chamado democracia, não apenas no nome, mas também no espírito. Líderes políticos e cidadãos que se consideravam democratas ainda estavam vinculados ao respeito pelo governo não violento e legal, baseado no consentimento do "povo". Eles desconfiavam do poder concentrado e irresponsável; estavam comprometidos com o princípio de que todos os cidadãos são iguais. Mas a indigenização da democracia em ambientes radicalmente diferentes das democracias eleitorais anteriores da Europa Ocidental, da América Espanhola e dos Estados Unidos foi notável.

A Índia, que logo se tornaria conhecida como a "maior democracia" do mundo, não era uma democracia liberal, se isso significar um governo representativo ao estilo norte-americano fundado em uma grande classe média, uma economia de livre mercado e o espírito de individualismo possessivo.[12] O encontro da Índia com a democracia desafiou fundamentalmente a presunção de que o crescimento econômico é o requisito central da democracia — que eleições livres e justas são práticas apenas quando a maioria dos cidadãos possui ou desfruta de bens como carros, geladeiras e rádios. Oprimidos pela miséria de proporções desoladoras, milhões de pessoas pobres e analfabetas rejeitaram o preconceito de que um país deve primeiro ser rico antes de poder ser democrático. Em vez disso, decidiram que poderiam se tornar materialmente mais fortes *por meio da* democracia. Não só isso: o caminho indiano para a democracia resistiu às previsões confusas de especialistas que diziam que o secularismo ao estilo francês, o recuo compulsório dos mitos religiosos para a esfera privada, era necessário antes que a democracia realista pudesse acontecer. A política indiana contém todas as principais religiões conhecidas pela humanidade e abriga centenas de idiomas. A complexidade social nessa escala levou os democratas indianos a uma nova justificativa da democracia. Não era mais um meio de proteger uma sociedade homogênea de indivíduos iguais. Ela passou a ser considerada a forma mais justa de permitir que pessoas de diferentes origens e identidades de grupos divergentes vivessem juntas de forma harmoniosa, como iguais, sem guerra civil.

Durante as eleições gerais indianas de 1952, as primeiras realizadas após a independência, os conservadores alegaram que o envolvimento das mulheres na política ameaçava as antigas hierarquias de casta e gênero. Eles tinham razão: empoderadas pelo igualitarismo da democracia, a participação das mulheres nas eleições e as contribuições para a vida pública têm aumentado constantemente, muitas vezes superando a participação dos homens, como nas eleições de 2015 em Bihar, o estado mais pobre do país.

A Índia mostrou que o espírito e a essência da democracia estavam vivos globalmente em sentimentos locais, idiomas, instituições e formas de poder mutáveis e contestadas. Depois de 1945, a democracia tornou-se mais fundamentada. Mas desde então, algo de maior importância histórica — uma transformação menos óbvia — vem acontecendo: o crescimento da democracia monitória, uma nova forma de autogoverno diferente das democracias eleitorais e baseadas em assembleias do passado.

O que é democracia monitória? Por que o adjetivo "monitória" — que entrou no inglês em meados do século XV (do latim *monere*, advertir, aconselhar) — é usado para se referir à emissão de um aviso de perigo iminente, ou uma advertência para verificar o conteúdo ou a qualidade de algo, ou abster-se de uma ação tola ou ofensiva? É uma forma de democracia definida pelo rápido crescimento de muitos novos tipos de mecanismos extraparlamentares de controle do poder: instituições "cão-guia", "cão de guarda" e "cão que ladra". A democracia monitória inclui práticas como monitoramento eleitoral, codeterminação do local de trabalho e orçamento participativo. Também inclui órgãos como comissões de gerações futuras, verificadores de pontes, fóruns de verdade e reconciliação e redes de monitoramento de recifes de corais. Esses mecanismos de monitoramento ou responsabilização pública são recém-chegados na história da democracia. Eles surgem em muitos contextos diferentes e não são simplesmente invenções "ocidentais".

Os direitos dos trabalhadores de eleger representantes para os conselhos de administração de suas empresas em esquemas de codeterminação no local de trabalho (Mitbestimmung) aconteceram pela primeira vez na Alemanha devastada pela guerra na década de 1940. O orçamento participativo, em que os cidadãos decidem como gastar parte do orçamento público, é uma invenção brasileira. As comissões das gerações futuras com poder estatutário para defender os direitos dos cidadãos não nascidos surgiram no País de Gales. Verificadores de pontes — equipes voluntárias de estudantes universitários de engenharia que verificam a segurança das pontes da cidade — são uma especialidade sul-coreana. A África do Sul fez famosos fóruns de verdade e reconciliação. As redes de monitoramento de recifes de corais são um produto da cooperação global.

Esses órgãos de monitoramento criaram raízes em todos os campos locais e nacionais do governo e da sociedade civil, bem como em ambientes transfronteiriços. Como resultado, toda a arquitetura do governo representativo está mudando. O poder das eleições, dos partidos políticos e dos parlamentos em moldar a vida dos cidadãos e representar seus interesses está enfraquecendo. Se a democracia eleitoral se baseava no princípio de "uma pessoa, um voto, um representante", a ética orientadora da democracia monitória é "uma pessoa, muitos interesses, múltiplas vozes, vários votos, vários representantes". Nessas novas condições, a democracia significa muito mais do que eleições. Dentro e fora dos Estados, órgãos de vigilância independentes e implacáveis começaram a remodelar as paisagens do poder. Ao manter corporações e governos eleitos, partidos e políticos permanentemente atentos, as novas torres de vigia questionam os abusos de poder, forçam governos e empresas a modificar suas agendas — e, às vezes, os sufocam em desgraça pública.

A democracia monitória é a forma mais complexa e vibrante de democracia até agora. Em nome do "povo", "público", "responsabilidade pública" ou "cidadãos" — os termos são normalmente usados de forma intercambiável —, instituições desafiadoras e moderadoras de poder estão surgindo por toda parte. Escândalos de corrupção e protestos públicos contra práticas condenáveis estão se tornando o novo normal. Isso não significa que eleições, partidos políticos, legislaturas e assembleias públicas estejam desaparecendo ou diminuindo em importância, mas eles estão definitivamente perdendo sua posição de liderança como anfitriões e impulsionadores da política. A democracia não é mais simplesmente uma maneira de lidar e domar o poder dos governos eleitos e não está mais confinada aos Estados territoriais.

Longe vão os dias em que a democracia podia ser descrita, e, logo, atacada, como um abuso de estatística, como "governo pela vontade irrestrita da maioria"; ou, nas palavras frequentemente citadas do economista nascido na Morávia Joseph Schumpeter (1883–1950), o "arranjo institucional para chegar a decisões políticas em que os indivíduos adquirem o poder de decidir por meio de uma luta competitiva pelo voto do povo".[13] A era da democracia representativa ficou para trás. Quer estejamos falando de governos locais, nacionais ou supranacionais, ou do mundo das organizações e redes não governamentais, aqueles que detêm o poder estão agora rotineiramente sujeitos ao monitoramento público e à contenção por uma variedade de órgãos extraparlamentares.

O advento da democracia monitória desafia os entendimentos anteriores da democracia, centrados nas eleições. Também traz problemas para a visão do senso comum de que a democracia é essencialmente um método de controlar governos e domar o poder do Estado. O que é notável é como o espírito e os mecanismos de controle do poder da democracia monitória se propagam "para baixo", em áreas da vida social anteriormente intocadas pelos democratas. As democracias de assembleia normalmente consideravam a dinâmica de poder dentro das famílias e o tratamento de mulheres e escravizados como assuntos privados. Vimos como a era da democracia representativa testemunhou a resistência à escravidão e à exclusão de mulheres, trabalhadores e colonizados das eleições. Os governos eleitos intervieram em áreas como saúde e educação. Uma coisa que é diferente na era da democracia monitória é que ela permite, como nunca antes, o escrutínio público organizado e a recusa do poder arbitrário em toda a vida social. Questões como bullying no local de trabalho, assédio sexual, discriminação racial e de gênero, abuso de animais, falta de moradia, deficiência e coleta de dados tornam-se temas centrais da política democrática.

Partidos, parlamentos e governos eleitos são tipicamente reativos a essas questões. Órgãos e redes de monitoramento tornam-se, portanto, os verdadeiros impulsionadores da política. Eles ajudam a aprofundar a democracia. Seu espírito de igualdade e abertura se espalha pela vida social e além das fronteiras do Estado. Pela primeira vez na história da democracia, não surpreendentemente, "sociedade civil" é uma expressão usada rotineiramente por democratas em todos os pontos do nosso planeta.[14] A democracia monitória surge onde quer que haja abusos de poder. O domínio incontestável em áreas que vão da vida familiar ao emprego é verificado — se e quando for verificado — não apenas por representantes eleitos no governo, mas também por uma série de novas instituições que lembram milhões de cidadãos de uma verdade simples, mas perene: a democracia exige colossais transformações do cotidiano das pessoas. Seus hábitos de coração e suas rotinas cotidianas devem se tornar mais alérgicos ao abuso de poder. Para se opor ao chefe e ao bullying, as pessoas precisam nutrir o espírito da democracia dentro de si, bem como propagá-lo e mantê-lo vivo nos outros. Os cidadãos devem estar confiantes de que eles mesmos são a fonte de poder das instituições que governam suas vidas; que o governo e outros órgãos de fato dependem do consentimento dos governados; e que quando eles retiram seu consentimento dessas instituições e exigem alternativas, as coisas podem mudar para melhor, mesmo que apenas de maneira mínima.

POR QUE DEMOCRACIA MONITÓRIA?

Esse novo tipo de democracia de responsabilização é um desenvolvimento sustentável e historicamente irreversível? Ainda não sabemos.

Um cético pode pedir mais evidências de sua novidade, começando por como ela se desenvolveu. Como sempre na história da democracia, o caminho da inovação tem sido tortuoso, e as generalizações são complicadas. A democracia monitória teve suas causas e seus causadores;

não foi nascida de uma única célula. É o produto de muitas forças, incluindo o colapso dos Estados, o descontentamento dos cidadãos e pura boa sorte. Além disso, um fator vital que Tocqueville detectou há muito tempo: o que poderia ser chamado de contágio democrático — a capacidade das pessoas de inferir que, quando algumas de suas reclamações são sanadas, outras também devem ser abordadas.[15]

Uma explicação menos óbvia, mas extremamente importante, do nascimento da democracia monitória é o papel da catástrofe política. Na história da democracia, o colapso político, a violência, a pena e o sofrimento da guerra às vezes renderam mais do que escuridão e desespero. A origem dos parlamentos é um exemplo: contra grandes probabilidades, as crises políticas foram parteiras das novas instituições democráticas. Essa regra se aplicava à primeira metade do século XX, o mais sanguinário registrado na história humana. Uma depressão econômica e duas guerras globais pontuadas por terríveis crueldades contra populações inteiras destruíram antigas estruturas de segurança, provocaram agressões e cotoveladas pelo poder e desencadearam energias populares furiosas que fomentaram grandes convulsões — incluindo ataques à democracia eleitoral na forma do bolchevismo e do stalinismo na Rússia, fascismo na Itália, nazismo na Alemanha e imperialismo militar no Japão. Esses regimes denunciaram a democracia eleitoral como hesitação parlamentar, perplexidade liberal, hipocrisia burguesa e covardia militar. Em consequência, perto da metade do século XX, a democracia estava de joelhos — sem espírito, paralisada, condenada. Em 1941, quando o presidente Roosevelt pediu para "proteger a grande chama da democracia do apagão da barbárie", enquanto um número incontável de vilões havia chegado à conclusão contrária de que a ditadura e o totalitarismo eram o futuro, restavam menos de uma dúzia de democracias eleitorais.[16]

Então, algo extraordinário aconteceu. A carnificina produzida pela guerra, ditadura e totalitarismo levou pensadores e escritores de todo o espectro político a provocar uma mudança na definição e justificação ética da democracia. Eles ajudaram a desencadear um momento como o que os físicos e astrônomos chamam de "energia escura": desafiando a gravidade dos eventos contemporâneos, o universo de sentidos da democracia sofreu uma expansão dramática. O escritor alemão Thomas Mann (1875–1955) deu voz à tendência ao notar a necessidade de "recordação profunda e vigorosa da democracia de si mesma, a renovação de sua autoconsciência espiritual e moral". Outros expressaram choque e consternação com a forma como as democracias eleitorais das décadas de 1920 e 1930 facilitaram a ascensão dos demagogos (o filósofo alemão Theodor Adorno os apelidou de "ladradores glorificados"). Esses populistas eram hábeis em convocar "o povo" a subir no palco da história — apenas para amordaçar, mutilar e assassinar em nome do povo, destruindo assim a liberdade e a igualdade política que a democracia eleitoral declaradamente defendia. Houve um consenso geral de que as recentes catástrofes provaram a ingenuidade da fórmula de que as pessoas deveriam obedecer a seus governos porque seus governantes protegem suas vidas e posses. Tal pacto não era mais viável; pior, era politicamente perigoso. O problema não era mais o "governo da multidão" por pessoas comuns ignorantes e desleixados, como os críticos da democracia insistiam desde Platão e Tucídides até o século XIX. O totalitarismo provou que o governo das massas tinha sua verdadeira fonte em líderes corruptos, habilidosos na arte de manipular e seduzir "o povo". Governar com força bruta e astúcia era agora o problema político fundamental.

E assim foi durante a década de 1940, em que uma nova forma histórica de democracia foi imaginada.[17] Seu espírito distinto e novas instituições foram marcados por um compromisso militante de expulsar os demônios do poder arbitrário e publicamente irresponsável. O literato irlandês C.S. Lewis (1898–1963) captou o ponto: "Muito do entusiasmo democrático decorre das ideias das pessoas... que acreditavam em uma democracia porque achavam a humanidade tão sábia e boa que todos mereciam uma participação no governo. O perigo de defender a democracia nesses fundamentos é que eles não são verdadeiros." A "verdadeira razão para a democracia" é que "não se pode confiar em nenhum homem com poder irrestrito sobre seus pares".

O escritor chinês Lin Yutang (1895–1976), cuja obra *My Country and My People* (*Meu país e meu povo*, em tradução livre) teve um grande número de leitores durante esse período, colocou o mesmo ponto em termos mais concisos. Os políticos não são "governantes benevolentes" que "amam o povo como a seus próprios filhos"; muito melhor tratá-los como "potenciais presos" e "criar formas e meios para evitar que esses potenciais condenados roubem as pessoas e vendam o país". A democracia aqui teve que supor que as pessoas eram "mais como vigaristas em potencial do que pessoas honestas" e que, como não se pode esperar que sejam sempre boas, "devem ser encontradas maneiras de impossibilitar que sejam más".[18]

Da esquerda para a direita no espectro político, uma variedade global de escritores, teólogos, cientistas e acadêmicos expressou temores de que a fuga por pouco da democracia parlamentar das garras do colapso econômico, da guerra, da ditadura e do totalitarismo possa ter sido apenas um alívio temporário. Profundamente perturbados, eles clamaram por novos remédios para os males da democracia eleitoral, começando com o abandono do otimismo sentimental sobre a "soberania popular". Houve uma rejeição generalizada da conversa pseudodemocrática e fascista da "vontade do povo". Joseph Schumpeter, que serviu como primeiro ministro das finanças da Áustria e ganhou e perdeu uma fortuna como banqueiro de investimentos antes de se tornar professor de Harvard, alertou que "grupos com um machado para afiar" têm o péssimo hábito de "organizar e gerenciar shows políticos" inclinados a fabricar "a vontade do povo". O filósofo católico francês e antigo defensor dos direitos humanos Jacques Maritain (1882–1973) insistiu que "o povo não é Deus, o povo não tem razão infalível e virtudes sem falhas". As palestras de rádio da BBC de J. B. Priestley (1894–1984) — transmitidas nas noites de domingo até 1940 e novamente em 1941, atraindo audiências de pico que rivalizavam com as de Churchill — repetiam o ponto perguntando: "Quem são as pessoas?" Sua resposta, com Hitler em mente:

As pessoas são seres humanos reais. Se você os espetar, eles sangram. Eles têm pais, mães, irmãs, irmãos, namorados, esposas e filhos. Eles oscilam entre o medo e a esperança. Eles têm sonhos estranhos. Eles têm fome de felicidade. Todos eles têm nomes e rostos. Eles não são uma seção transversal de coisas abstratas.[19]

Os rebeldes da década de 1940 sabiam demais. Sua tristeza e seu alarme eram profundos demais para lágrimas. Eles testemunharam como a democracia eleitoral havia sido um oponente fraco e um cúmplice voluntário da destruição totalitária. Eles eram desafiadores, certos de que a ganância pelo poder ilimitado e o feitiço assassino lançado pelos novos totalitários tinham que ser resistidos. É por isso que eles argumentavam que era necessária uma alteração radical da linguagem da democracia. A democracia tinha que ser falada de forma diferente — e praticada de maneiras novas. Nesses tempos de desespero, a poesia importava: sem novas palavras, novos significados, nenhuma nova democracia poderia surgir. Esses rebeldes estavam certos de que o fetiche das eleições e do governo da maioria era uma loucura perigosa. Seu domínio sobre a imaginação democrática teve de ser quebrado. A democracia era preciosa demais para ser deixada para políticos e governos; a velha crença de que as eleições são seu coração e sua alma foi um grande erro. Era muito necessário um novo compromisso com a democracia entendida como a proteção dos cidadãos contra a intimidação e coerção, a celebração da diversidade e a redução da desigualdade social usando métodos além de eleições livres e justas.

Os rebeldes não colocaram as coisas dessa maneira, mas, na verdade, eles pediram uma segunda rodada de democratização do princípio do "povo soberano" da democracia eleitoral. Já vimos que a reinvenção da democracia eleitoral deu início ao trabalho de enquadrar o princípio metafísico do "povo". Toda a ideia de democracia eleitoral ressaltava a importância da liderança política. Também abriu caminho para o reconhecimento, ausente no antigo entendimento ateniense, de que qualquer democracia deve dar espaço para diferenças legítimas de opinião pública e divisões de interesse material. Os rebeldes levaram as coisas adiante. A tarefa era tanto teórica quanto prática: garantir que a democracia pudesse funcionar como uma arma contra todas as formas de poder abusivo, incluindo os males perpetrados por eleições realizadas em nome de um "povo soberano" fictício.

Isso foi bastante aceito. Mas as opiniões se dividem, por exemplo, sobre os méritos e perigos da propriedade privada e da competição de livre mercado contra o poder estatal concentrado. O redator da constituição indiana, B. R. Ambedkar (1891–1956), estava entre os que alertavam que o capitalismo desenfreado assolaria a democracia com uma "vida de contradições" gerada pelo conflito entre a luta por um bom governo baseado na igualdade política e uma sociedade arruinada por enormes desigualdades sociais e materiais. Muitos comentaristas recomendaram a construção de instituições de bem-estar social de espírito público em apoio ao direito a uma educação decente e assistência médica universal. Outros foram mais longe ao defender o direito dos trabalhadores de votar em representantes no conselho de administração de sua empresa — a extensão do princípio da representação eleita ao coração do mercado, como aconteceu mais tarde na Alemanha, Dinamarca, França, Suécia e outros países.

Discordâncias à parte, a maioria dos rebeldes apoiava uma forma de democracia cujos espírito e instituições estavam impregnados de um compromisso robusto em lidar com os demônios do poder irresponsável. O teólogo norte-americano Reinhold Niebuhr (1892–1971), que mais tarde conquistou admiradores proeminentes, incluindo Martin Luther King Jr. (1929–1968), apresentou um dos casos mais importantes para renovar e transformar a democracia nesse sentido. "Os perigos do poder descontrolado são lembretes perenes das virtudes de uma sociedade democrática", escreveu ele em *The Children of Light and the Children of Darkness* (*Os filhos da luz e os filhos das trevas*, 1945, em tradução livre). "Mas a democracia moderna requer uma base filosófica e religiosa mais realista, não só para antecipar e compreender os perigos a que está exposta, mas também para lhe dar uma justificação mais persuasiva." Concluiu com palavras que ficaram famosas: "a capacidade de justiça torna a democracia possível; mas a inclinação do homem para a injustiça torna a democracia necessária".[20] A observação implicou uma nova compreensão da democracia como o contínuo escrutínio público, moderação e controle do poder de acordo com padrões "mais profundos" e mais universais do que os antigos princípios reinantes de eleições periódicas, governo da maioria e soberania popular.

Capturando o novo espírito, a pensadora política Hannah Arendt (1906–1975) convocou um confronto ativo com os demônios do poder arbitrário. Ela escreveu em 1945: "O problema do mal será a questão fundamental da vida intelectual do pós-guerra na Europa." Na verdade, as mágoas e dores causadas pelo poder descontrolado eram um problema global. Talvez no movimento mais ousado do período, alguns pensadores propuseram abandonar a presunção reinante de que o lar "natural" da democracia era o estado territorial soberano, ou o que o distinto jurista francês René Cassin (1887–1976) — judeu deficiente veterano da Primeira Guerra Mundial, conselheiro-chefe jurídico de De Gaulle, coautor da Declaração Universal dos Direitos Humanos e condenado à morte pelo governo fascista de Vichy — denominou de Estado Leviatã. Desse modo, eles pleiteavam estender o princípio democrático de igualdade de poder para além das fronteiras territoriais. O estudioso alemão Carl Friedrich (1901–1984) escreveu: "A história dos últimos vinte anos mostrou, sem sombra de dúvida, que a democracia constitucional não pode funcionar efetivamente em um plano nacional." Thomas Mann também repudiou as definições de democracia centradas no Estado. As instituições multilaterais podem ajudar a proteger as minorias vulneráveis e libertar os cidadãos do nacionalismo tacanho e dos abusos de poder por parte de Estados e empresas. "Devemos chegar mais alto e vislumbrar o todo", disse ele. "Devemos definir a democracia como aquela forma de governo e de sociedade que se inspira acima de todas as outras com o sentimento e a consciência da dignidade do homem."[21]

ABUNDÂNCIA COMUNICATIVA

Se a democracia agora deveria ser entendida como a luta contínua pelo autogoverno apoiada por novas formas de responsabilidade pública, o desafio prático era encontrar nestes tempos tempestuosos da década de 1940 métodos para impor restrições às perigosas concentrações de poder. Embora uma maior participação cidadã nos assuntos públicos fosse amplamente recomendada, especialmente nos níveis da cidade e do local de trabalho, o abandono da política representativa e o retorno à democracia de assembleia no estilo grego era impopular; era visto como incapaz de enfrentar os desafios em larga escala dos tempos sombrios. Medidas muito mais ousadas e mais voltadas para o futuro eram necessárias. Países como a República Federal da Alemanha (1949) e a Índia (1950) responderam adotando constituições escritas destinadas a prevenir abusos de poder impondo aos governos eleitos o dever de respeitar os direitos fundamentais de seus cidadãos. O crescimento mundial de organizações de monitoramento, redes e campanhas comprometidas com a proteção dos direitos humanos foi outra inovação.

A maior conquista da década foi a Declaração Universal dos Direitos Humanos. Elaborada em 1947–1948 em resposta ao genocídio após a guerra global, a declaração — o documento mais traduzido de todos os tempos, hoje disponível em quinhentos idiomas — proclamava uma série de direitos a serem desfrutados por todos, "sem distinção de qualquer tipo, como raça, cor, sexo, língua, religião, opinião política ou de outra natureza, origem nacional ou social, riqueza, nascimento ou outra condição". Seu preâmbulo falava da "dignidade inerente" e "os direitos iguais e inalienáveis de todos os membros da família humana". A declaração de fato resolveu um problema básico que perseguia a democracia eleitoral e de assembleia: quem decide quem é "o povo"? A redefinição da democracia como proteção global e promoção dos direitos humanos deu uma resposta: todo ser humano tem o direito de exercer seu direito a ter direitos, incluindo o direito de impedir exercícios arbitrários de poder por meio de monitoramento público independente e livre associação com outros. Na prática, isso significava que nenhum governo eleito tinha o direito de passar por cima de qualquer indivíduo ou grupo em qualquer lugar. Tortura, abuso de mulheres, crueldade com crianças, eleições fraudulentas, discriminação religiosa e censura da mídia não eram permitidas — mesmo quando realizadas em nome da "democracia" e de um "povo soberano".

Os autores da Declaração dos Direitos Humanos, incluindo René Cassin (segundo da esquerda); o dramaturgo, crítico literário e diplomata chinês Peng-chun Chang (terceiro da esquerda); presidente da comissão de redação Eleanor Roosevelt (centro); e o pensador tomista libanês de convicções ortodoxas gregas, Charles Malik (terceiro da direita), que apresentou o rascunho final à Assembleia Geral das Nações Unidas em 10 de dezembro de 1948.

A nova maneira de pensar sobre a democracia provou ser a vela na escuridão gerada pela morte de 45 milhões de pessoas, terrível destruição física e miséria espiritual, e as crescentes tensões do pós-guerra ligadas a problemas políticos como a sangrenta divisão do Paquistão e da Índia, o bloqueio de Berlim e a limpeza arquitetônica e expulsão de centenas de milhares de palestinos de sua terra natal pelo Estado de Israel, apoiada pelos britânicos. Impressionante foi como a reinvenção da democracia possibilitou o projeto de dezenas de instituições de moderação do poder que nunca existiram antes na história da democracia. A era da democracia monitória viu a aplicação das regras de representação, responsabilidade democrática e participação pública a uma gama cada vez maior de configurações, incluindo assembleias de cidadãos, aulas públicas, greves climáticas, comissões anticorrupção e safáris constitucionais (notoriamente usados pelos redatores da nova constituição sul-africana para examinar as melhores práticas em outros lugares). E não vamos esquecer os tribunais religiosos locais da Indonésia, litígios de interesse público indianos, agências de testes ao consumidor, conselhos médicos, tribunais de crimes de guerra, cafés democráticos, painéis de revisão por pares, jornalismo investigativo e plataformas de internet dedicadas a rastrear e impedir o abuso de poder.

A ampla gama de inovações acabou sendo boa para o princípio democrático de quem recebe quanto, quando e como deveria depender de uma cidadania ativa, bem como do escrutínio público e restrição de poder, e não apenas em conversas brandas sobre "o direito de votar" ou democracia limitada a eleições. A democracia monitória, nesse sentido, ainda hoje se alimenta do espírito de resistência ao poder arbitrário que remonta à década de 1940. Mas a vitalidade da maioria das recentes inovações democráticas depende fortemente de um motor igualmente significativo: a revolução das comunicações digitais, que vêm remodelando as instituições e a vida cotidiana das pessoas em todo o mundo durante o último meio século.

Pouquíssima atenção é dada ao modo como todas as formas históricas de democracia são fundamentadas e moldadas pelos meios de comunicação, então vamos por um momento pensar nas coisas desta maneira: a democracia baseada em assembleias pertencia a uma era dominada pela palavra falada, apoiada por leis escritas em papiro e pedra, e por mensagens enviadas a pé, jumento ou cavalo. A democracia eleitoral surgiu na era da cultura impressa — o livro, o panfleto e o jornal, e as mensagens telegráficas e ferroviárias — e entrou em crise durante o advento dos primeiros meios de comunicação de massa, especialmente rádio, cinema e (na sua infância) televisão. Por outro lado, a democracia monitória passou a ser vinculada a sociedades saturadas de multimídia — cujas estruturas de poder são continuamente rastreadas e enfrentadas por cidadãos e representantes que atuam nos ecossistemas de mídia digital. Esse mundo de abundância comunicativa é estruturado por dispositivos de mídia vinculados que integram texto, som e imagens e permitem que a comunicação ocorra por meio de vários pontos de usuário, dentro de redes globais modulares acessíveis a muitas centenas de milhões de pessoas espalhadas pelo mundo. A democracia monitória e as redes informatizadas de mídia são gêmeas siamesas. Se a nova galáxia da abundância comunicativa implodisse subitamente, a democracia monitória provavelmente não sobreviveria.

Sabemos sobre a manipulação organizada de informações por algoritmos ocultos, coleta de dados corporativos, manipulação política, vigilância estatal e outras tendências decadentes, mas igualmente impressionante é a maneira como a decadência gera forte resistência pública. A abundância comunicativa alimenta o espírito inquieto da democracia monitória.[22] Ele nunca para. Comparada com a era da democracia eleitoral, quando a cultura impressa e a mídia audiovisual de espectro limitado estavam alinhadas e podiam ser controladas por partidos políticos e governos, a era da democracia monitória testemunha lutas constantes sobre o poder, a ponto de parecer como se nenhuma organização, líder ou área dentro do governo e da sociedade civil estivesse imune a problemas políticos. Cada recanto do poder torna-se o alvo potencial de "publicidade" e "exposição pública". Nascimento e morte, dieta e saúde são despojados de suas certezas. A violência policial e os abusos de poder contra minorias religiosas, raciais e de preferência sexual não são mais considerados "normais" ou justificados. O tratamento público de uma epidemia global e suas implicações para a distribuição de riqueza, empregos e bem-estar são amplamente vistos como questões políticas. Na era da abundância comunicativa, nenhum tópico oculto é protegido incondicionalmente da cobertura da mídia e de uma possível politização; quanto mais "privado" é, mais "publicidade" recebe. Nada é sacrossanto — nem mesmo os esforços daqueles que tentam proteger ou reconstruir o que dizem ser sacrossanto. As gerações passadas achariam todo o processo surpreendente em sua escala e intensidade democrática. Com o clique de uma câmera ou o toque de um botão, mundos ocultos podem se tornar públicos: tudo, desde o quarto até a sala de reuniões, da burocracia ao campo de batalha. Cidadãos e jornalistas investigativos que usam múltiplas plataformas de mídia mantêm vivos os ideais utópicos de lançar luz sobre o poder, a liberdade de informação e maior transparência no governo e nos negócios. Não é de admirar que as objeções públicas a irregularidades e corrupção sejam comuns na era da democracia monitória. Parece não haver fim de escândalos; e há até momentos em que escândalos, como terremotos, desestabilizam ordens políticas inteiras.

O ESVERDEAMENTO DA DEMOCRACIA

Na era da democracia monitória, alguns escândalos se tornam lendários — como as mentiras colossais sobre armas de destruição em massa, inventadas pelos defensores da desastrosa invasão militar do Iraque liderada pelos EUA nos anos 2000. Em uma época em que todo campo de poder é potencialmente alvo de "publicidade" e "exposição pública", novos tipos de dissidência pública também acontecem — surpreendentemente, nas trocas entre seres humanos e ambientes não humanos.

Pela primeira vez na história da democracia, instituições de monitoramento realizam campanhas para bloquear a destruição ambiental desenfreada e emitem alertas públicos sobre uma Terra futura inabitável. Mais obviamente, os partidos políticos verdes ajudam a liderar o encargo — os primeiros no mundo foram o *United Tasmania Group*, na Austrália, e o *Values Party*, na Nova Zelândia, no início dos anos 1970. Órgãos estatutários independentes, como o Comitê de Mudanças Climáticas do Reino Unido, são instruídos a manter os governos no caminho certo para alcançar emissões líquidas zero de carbono. Os tratados biológicos globais, como a Convenção sobre Diversidade Biológica e a Convenção de Aarhus, exigem que os Estados garantam aos seus cidadãos informações e participação na tomada de decisões ambientais. As audiências de impacto ambiental e projetos de ciência cidadã — como o projeto *Open Air Laboratories* (OPAL) do Reino Unido, que incentiva as pessoas a agirem como administradores de seus ambientes locais — estão se proliferando. Greves climáticas e insurgências cívicas multimídia como a Rebelião da Extinção estão se multiplicando. Cúpulas do *Earthwatch* em grande escala, assembleias biorregionais, *think tanks* e universidades verdes e convenções para proteger ambientes marinhos regionais acompanham iniciativas locais, como a construção de "pontes" de borboletas e abelhas em espaços urbanos para proteger espécies ameaçadas pelo tráfego. Pela primeira vez, há vitórias para a redefinição legal de terras consideradas como gozando de "todos os direitos, poderes, deveres e responsabilidades de uma pessoa jurídica", como na Lei *Te Urewera* de 2014 da Nova Zelândia (Aotearoa).

A Rebelião da Extinção, uma iniciativa de desobediência civil não violenta que visa estimular ações governamentais e empresariais sobre o clima, desenterrou o gramado ao redor da macieira de Isaac Newton no Trinity College, Cambridge, em fevereiro de 2020. A escavação — uma imitação calculada do investimento contínuo da faculdade em carvão e mineração de gás — gerou cobertura da mídia internacional e levou a faculdade a desinvestir US$20 milhões em combustíveis fósseis e se comprometer com emissões líquidas zero até 2050.

Também pela primeira vez há cláusulas constitucionais destinadas a proteger a biosfera, que alteram radicalmente o significado de cidadania em uma ordem política democrática. O Capítulo 2, Artigo 6, da Constituição da Mongólia afirma expressamente que os cidadãos devem gozar do direito a um "ambiente saudável e seguro, e de serem protegidos contra a poluição ambiental e o desequilíbrio ecológico". O Artigo 70A da Constituição de Eslovênia estipula que "todos têm direito à água potável", enquanto o Artigo 5 da do Reino do Butão especifica que todo cidadão deve contribuir para a conservação da rica biodiversidade do país e para a prevenção da degradação ecológica, incluindo visual, sonora e poluição física, apoiando e adotando práticas e políticas favoráveis ao meio ambiente. Existem também esquemas, apoiados por governos autônomos indígenas, de gestão de terras e ambiental que definem tendências, por exemplo, em Haida Gwaii (Ilhas do Povo) no nordeste do Pacífico e no Parque Nacional Uluru-Kata Tjuta na Austrália Central.

Todos esses experimentos têm grande significado para a maneira como pensamos sobre a democracia. Eles são infundidos com um forte senso democrático da complexidade dinâmica e frágil do nosso mundo. Aumentam a conscientização sobre a interconectividade de todos os elementos vivos e não vivos e promovem profundo respeito pelo não humano e seu direito legítimo de ser representado nos assuntos humanos. Há mais: essas plataformas de vigilância criam novas maneiras de envergonhar e castigar a predação humana. Supõem que, para garantir o ar limpo, a água e os alimentos de que os seres humanos precisam para prosperar, as pessoas devem se tornar guardiãs dos lugares onde vivem. Estimulam as pessoas a ver o que é maravilhoso no ordinário e a valorizar o comum. Investigam as razões pelas quais as pessoas não agem para fazê-las agir. Insistem que algumas coisas não estão à venda e destacam os custos da ignorância pública sobre as mudanças climáticas, a destruição de espécies e o "desenvolvimento". Essas plataformas convidam os seres humanos a trocar seus entendimentos inocentes para que possam falar de "economia" e ideologias de "crescimento do PIB", "progresso" e "modernização" com um senso mais prudente do tempo profundo que destaca a frágil complexidade de nossa biosfera e seus vários ritmos.

Essas plataformas verdes ajudam a complicar e enriquecer a compreensão cotidiana da democracia. Elas forçam uma redefinição da democracia, livrando-a de seu antropocentrismo ao perguntar: por que supor que "o povo" é o pináculo da criação, senhores e senhoras do universo, os legítimos mestres e possuidores da "natureza" porque eles são a fonte última de poder soberano e autoridade na Terra? Essas plataformas de vigilância concedem uma voz política à biosfera. Elas reconectam os mundos político e natural no que o antropólogo francês Bruno Latour (1947–) chama apropriadamente de "parlamentos das coisas". "O Direito não deve centrar-se no Homem, mas sim na Vida", enfatiza o argumento.[23] Isso é mais do que incitar os seres humanos a se reimaginarem como seres humildes cujo destino está profundamente emaranhado com os ecossistemas em que habitam. A democracia é redefinida para significar um modo de vida que torna o poder publicamente responsável — por meio de instituições representativas eleitas e não eleitas nas quais os seres humanos e sua biosfera têm igualdade de condições.

TEMPOS DIFÍCEIS

Os novos guardiões ambientais se especializam em emitir avisos de que, a menos que nós, seres humanos, tenhamos a coragem de mudar nossos caminhos, as coisas podem acabar mal — tão mal que os ideais e as instituições da democracia monitória perecerão, junto com milhões de biomas e espécies vivas que também incluem a espécie questionavelmente conhecida como *Homo sapiens*. Vimos como as democracias do passado foram atormentadas por perdas de autoconfiança e crises de autodestruição. Durante o final do século IV a.C., quando Atenas enfrentou a invasão de Alexandre, o Grande, os registros mostram que seus cidadãos ficaram tão desanimados que mais de uma vez toda a assembleia caiu em silêncio quando confrontada com más notícias. Durante as décadas de 1920 e 1930, muitas democracias eleitorais perderam o rumo, se renderam a seus inimigos ou caíram no democídio. A sensação que se espalha entre milhões de pessoas de que a democracia está agora ameaçada está no mesmo nível desses períodos anteriores de desânimo. Mas é diferente. Esses avisos — que datam da década de 1940, quando os temores de uma aniquilação nuclear global surgiram pela primeira vez — não têm precedentes. Não é apenas que as novas sentinelas estão alertando o público para a crescente frequência de catástrofes ambientais e seus efeitos em cascata. Nunca antes foi dito por tantos que a democracia deve ser posta de lado, pelo menos temporariamente; que não há tempo para prevaricação e reformas pontuais quando nosso planeta está enfrentando uma crise civilizatória que exige medidas drásticas para salvar nossa espécie.

O alarme sobre o destino global da democracia é agravado por um conjunto de outras ansiedades. No topo da lista de reclamações de hoje está o esvaziamento do governo representativo pelas forças do poder estatal centralizado — a tendência para o que Thomas Jefferson chamou de "despotismo eleitoral". Um proeminente historiador da democracia, Pierre Rosanvallon (1948–), afirma que o centro da gravidade política nas democracias contemporâneas mudou de partidos políticos, eleições e parlamentos para um poder executivo fortemente armado. O poder legislativo do governo está agora subordinado ao governo de poucos. A "era do presidencialismo" está chegando. Gera insatisfação cidadã e reclamações barulhentas sobre "líderes que tomam decisões sem consulta, não assumem a responsabilidade por suas ações, mentem impunemente e vivem em uma bolha".[24]

A mudança se assemelha a um golpe de estado em câmera lenta — auxiliado por táticas como ordens de silêncio, investigações de vazamentos, pagamentos ocultos, nomeação de chefes interinos de departamentos governamentais sem a aprovação da legislatura usada durante a presidência de Donald J. Trump. Complementado pela disposição dos governantes de mobilizar a máquina do governo para impor confinamentos prolongados durante a COVID-19 em países como Alemanha e África do Sul, há sinais de que o despotismo eleitoral está provocando não apenas o descontentamento dos cidadãos e reclamações sobre os políticos, mas também reclamações mórbidas contra a própria "democracia". Não são poucos os que dizem que as coisas estão indo pior do que se esperava. Muitos acham que a democracia está arruinada.

Uma pesquisa em 27 países realizada em 2019 descobriu que 51% dos entrevistados estavam "insatisfeitos com a forma como a democracia está funcionando". Pesquisadores da *Economist Intelligence Unit* documentaram um declínio constante de dez anos na confiança na democracia entre 2007 e 2017 e um aumento acentuado nas preocupações dos cidadãos com transparência, responsabilidade e corrupção. Um importante órgão de monitoramento da democracia escandinava observou que "os aspectos da democracia que tornam as eleições verdadeiramente significativas estão em declínio. A autonomia da mídia, a liberdade de expressão e as fontes alternativas de informação e o estado de direito sofreram os maiores declínios entre as métricas de democracia nos últimos anos". Um *think tank* norte-americano foi mais sombrio. "A democracia está em crise", concluiu. "Os valores que incorpora — particularmente o direito de escolher líderes em eleições livres e justas, a liberdade de imprensa e o estado de direito — estão sob ataque e em retirada de maneira global."

Medido em termos da resiliência futura da democracia monitória, talvez a descoberta mais preocupante seja a de que os jovens são, em quase todos os lugares, os menos satisfeitos com a democracia e — como se tivessem visto através da pompa oficial, fingimento e garantias desajeitadas dos mais velhos — mais descontentes do que as gerações anteriores quando tinham a mesma idade.[25]

Pequeno déspota, grande déspota: um *bromance** entre o presidente húngaro Viktor Orbán e o russo Vladimir Putin, em uma coletiva de imprensa em Budapeste anunciando novos acordos para a compra de tecnologia de energia nuclear russa e suprimentos de gás da gigante de energia *Gazprom* em fevereiro de 2015.

Há descobertas indesejáveis na Índia, que está rapidamente se tornando a maior democracia fracassada do mundo. O apoio à democracia entre seu povo caiu de 70% para 63% entre 2005 e 2017. A proporção de cidadãos "satisfeitos" com a democracia caiu de 79% para 55%; a insatisfação foi ainda menor entre aqueles com ensino superior (47%).

---

* Expressão contemporânea que denota amizade íntima entre dois homens. [N. do T.]

Mais da metade dos entrevistados no período de 2010–2014 disse que apoiaria "um sistema de governo no qual um líder forte possa tomar decisões sem interferência do parlamento ou dos tribunais", acima dos 43% em 1999–2004. O respeito pelas forças armadas é excepcionalmente alto; junto com o Vietnã, África do Sul e Indonésia, a Índia é um dos quatro únicos países onde a maioria dos cidadãos (53%) diz que apoiaria o regime militar. Em seu Relatório da Democracia 2020, o Instituto V-Dem da Suécia observou que a Índia "quase perdeu seu status de democracia" e classificou o país abaixo de Serra Leoa, Guatemala e Hungria.[26]

Há também notícias desanimadoras da América Latina, onde supostamente menos de um quarto (24%) dos cidadãos está satisfeito com a forma como a democracia está funcionando em seus países, o número mais baixo desde o início da pesquisa. Muitos reclamam das injustiças sociais ligadas à pobreza. Mais de 40% dos 45 milhões de argentinos — e quase 60% de suas crianças — vivem na pobreza em favelas. Depois de 2000, quando começou a mudança para a democracia multipartidária no México, o número de pessoas que vivem oficialmente abaixo da linha da pobreza aumentou para mais de 50% da população. Alimentada por um exército de reserva dos pobres, a violência da máfia cresceu em proporções alarmantes. Dezenas de prefeitos eleitos foram assassinados, várias centenas de jornalistas foram assassinados ou estão desaparecidos e mais de um quarto de milhão de cidadãos tiveram suas vidas roubadas.

Muitos observadores apontam que grande parte do descontentamento dos cidadãos é identificado pelas crescentes diferenças entre ricos e pobres, que fazem do princípio da igualdade democrática uma piada. Sintomático desse cenário é a maneira como, durante o primeiro ano de uma pandemia global, a riqueza total dos bilionários em países como Índia, Suécia, França e Estados Unidos mais que dobrou. Quase todas as democracias estão sentindo o aperto da velha regra de que capitalismo e democracia são, em última análise, incompatíveis, e parece que estamos novamente vivendo um período em que o espírito igualitário do autogoverno democrático é reduzido a um mantra que funciona como "uma capa para cobrir a nudez de um governo que faz negócios para as classes mantidas".[27] A vida cotidiana está sendo marcada pelo crescimento da plutocracia, das elites meritocráticas e do surgimento de um "precariado" substancial de pessoas subempregadas em empregos informais que pagam mal e não têm proteção sindical ou segurança de longo prazo.

Os principais pensadores políticos estão apontando que os danos causados às instituições democráticas pelo "poder corporativo, a corrupção dos processos políticos e representativos pela indústria do lobby... e a degradação dos diálogos políticos promovidos pela mídia" são "os fundamentos do sistema, não excrescências sobre ele". Eles alertam para o nascimento de uma "democracia gerenciada" e um "totalitarismo invertido", em que corporações privadas assumem o controle do governo com a ajuda da mídia comercial que desmobiliza e pastoreia os cidadãos.[28] A colonização das instituições democráticas pelo poder corporativo levou alguns historiadores a virarem as narrativas da "terceira onda da democracia" e do "triunfo da democracia liberal" de cabeça para baixo, para dizer que desde a década de 1970, a democracia, pelo menos no Ocidente, tem sido desfigurada pelo "poder do triunvirato dos líderes empresariais, bancários e políticos". As políticas estatais de "capitalismo salvador" enfraqueceram os sindicatos, promoveram a desregulamentação dos serviços públicos e difundiram a cultura do consumo alimentada pelo crédito privado e a crença na "santidade do indivíduo descomprometido".[29]

O NOVO DESPOTISMO

Isso não é tudo. O clima de desânimo sobre os efeitos social e politicamente prejudiciais da espoliação ambiental, poder estatal concentrado e ameaças representadas pelo turbocapitalismo financeiro é agravado pela crescente conscientização de que as democracias monitórias estão enfrentando um novo concorrente global: regimes despóticos que na Turquia, na Rússia, na Hungria, nos Emirados Árabes Unidos, no Irã e na China têm uma arquitetura política de cima para baixo e capacidade de conquistar a lealdade de seus súditos usando métodos diferentes de qualquer coisa conhecida no mundo moderno anterior.

Como abutres bicando carne podre, os críticos da democracia monitória estão desfrutando de festas únicas de ceticismo e rejeição da democracia de compartilhamento de poder. Os críticos chineses são especialmente contundentes em seus ataques à democracia liberal ao estilo norte-americano. O estudioso Su Changhe acredita que uma das principais prioridades é "separar a linguagem da democracia ocidental", pois "para ter um espírito verdadeiramente livre e um caráter nacional independente, (a China) deve primeiro aceitar a ideia de democracia promovida por uma minoria de países ocidentais e rebaixá-la de universal para local". A República Popular não deve cair na "armadilha da democracia" que produz "divisões sociais, antagonismo étnico, conflitos políticos, instabilidade política sem fim e governos fracos e débeis", escreve ele. O jornalista chinês Thomas Hon Wing Polin acrescenta que "a democracia liberal de estilo ocidental é apenas uma forma de democracia. Não coloca as pessoas no comando, nem seus interesses acima de tudo. No fundo, é uma oligarquia que serve aos interesses de uma pequena minoria em detrimento da grande maioria".

O escritor de ficção científica mais conhecido da China, Liu Cixin, é ainda mais direto. "Se a China se transformasse em uma democracia, seria o inferno na terra", disse ele ao *The New Yorker* em 2019, uma provocação que reaparece em uma cena no final de sua trilogia best-seller *Remembrance of Earth's Past* (*Lembrança do passado da Terra*, em tradução livre). Ele descreve os desastres desencadeados pela invasão de uma espécie alienígena que coloca em quarentena no continente australiano a maior parte da população da Terra. "A sociedade das populações reassentadas se transformou de maneira profunda", escreve Liu. "As pessoas perceberam que, neste continente lotado e faminto, a democracia era mais aterrorizante do que o despotismo. Todos ansiavam por ordem e um governo forte."[30]

Um governo ordeiro e forte sancionado pelo "povo" é exatamente o que é oferecido pelos governantes autoconfiantes de uma nova safra de despotismos, que são uma alternativa global à democracia monitória de compartilhamento de poder. Esses governantes são fortalecidos pela crença de seus súditos de que a coisa chamada democracia ocidental está desmoronando. Daí sua tentação de confrontar democracias monitórias, de desafiá-las em escala global, assim como fizeram as ditaduras, monarquias e regimes totalitários há um século, ao cercar democracias eleitorais. Os novos despotismos não são tiranias antiquadas ou autocracias ou ditaduras militares. E não devem ser confundidos com o fascismo ou o totalitarismo do século XX.

O despotismo é, antes, um novo tipo de estado forte liderado por governantes autoritários, habilidosos nas artes de manipular e se intrometer na vida das pessoas, reunindo seu apoio e conquistando sua aceitação. Os despotismos criam relações de dependência de cima para baixo lubrificadas pela riqueza, pelo dinheiro, pela lei e pelas eleições, e muitos meios de comunicação falam em defender "o povo" e "a nação" (as palavras são muitas vezes intercambiáveis nas línguas locais) contra "subversivos locais" e "inimigos estrangeiros". Os despotismos são pirâmides de poder de cima para baixo, mas é um erro supor que eles se baseiem simplesmente na repressão e na força bruta. Eles se esforçam para praticar uma governança ágil. Eles fazem mais do que repetir continuamente o mantra da "soberania popular". Seus líderes aproveitam agências de pesquisa de opinião pública, grupos de reflexão, campanhas eleitorais, fóruns de felicidade, grupos de feedback de políticas, audiências online e outros detectores antecipados de dissidência. Os governantes dos novos despotismos são perfeccionistas do engano e da sedução. São mestres da "democracia fantasma". Fazem tudo o que podem para camuflar a violência que usam contra aqueles que se recusam a aderir. Usando uma combinação de meios habilidosos, incluindo coerção calibrada mascarada por balaclavas, desaparecimentos e tortura nos bastidores, eles conseguem conquistar a lealdade de setores da classe média, trabalhadores e pobres. Eles trabalham para nutrir a docilidade de seus súditos dispostos. A servidão voluntária é coisa deles. E eles viajam em bandos. Os novos despotismos, liderados por uma China há pouco confiante, são hábeis em conduzir instituições multilaterais para conquistar parceiros de negócios e fazer acordos militares muito além das fronteiras dos estados que governam.

Enquanto Erdoğan, Putin e outros novos déspotas afirmam praticar suas próprias formas de "democracia", fundamentadas na autoridade do "povo", eles não têm nenhum apreço pela democracia monitória. Sua verdadeira paixão é o poder, exercido arbitrariamente sobre os outros. Eles podem ser implacáveis e vingativos em sua busca, usando meios militares. No entanto, eles não são imprudentes de maneira cega. Normalmente, prestam atenção meticulosa aos detalhes, interferem habilmente na vida das pessoas, ficam acima delas, emitem ameaças direcionadas e intimidam os dissidentes à submissão. O apoio público que esses governantes desfrutam é, portanto, surpreendente, especialmente quando se considera que os despotismos são regimes capitalistas de estado dominados por poligarcas — governos e empresários ricos que concentram quantidades impressionantes de riqueza em suas próprias mãos e dentro das dinastias familiares que controlam e protegem.

Democracias como a Grã-Bretanha, a Espanha e a mais poderosa de todas, os Estados Unidos, também são distorcidas e sobrecarregadas por enormes desigualdades de oportunidade e riqueza. Outros ingredientes do poder despótico estão vivos e bem *dentro* das democracias monitórias também. Pense na maneira como um novo tipo de "capitalismo de vigilância", administrado por gigantescas corporações de coleta de dados apoiadas pelo Estado, como Amazon e Google, está colonizando, manipulando e remodelando a vida pessoal de milhões de pessoas em prol do lucro e do poder, sem o seu consentimento e independentemente dos resultados eleitorais. Ou como os governos populistas eleitos no Brasil, na Índia, na Polônia e no México são potencialmente parteiras do despotismo. A presidência de quatro anos de Trump definiu o ritmo: alimentado por cidadãos insatisfeitos e doações corporativas, seu governo espalhou desinformação, minou o estado de direito, provocou brigas com inimigos, desacreditou a expertise e o jornalismo investigativo (*fake news*) e acelerou em direção a um governo fortemente armado. Durante as eleições, ele prometeu redenção para todos. Na prática, em nome de um "povo" fictício, ajudado por dinheiro obscuro e laços mais estreitos entre governo e negócios, sua presidência favoreceu o governo de cima para baixo de poucos entre muitos.

"Então você quer democracia?", pergunta o policial aos cães pedintes, em uma caricatura satírica que circulou amplamente no microblog chinês Weibo em 2016. A harmonia produzida por um governo forte e bem armado é contrastada com as falsas promessas, a desordem e a violência da democracia de estilo ocidental.

Dessa e de outras maneiras, as democracias servem como incubadoras do despotismo. Quando também se considera que democracias e despotismos estão enredados em cadeias transfronteiriças de poder obscuro e cooperam em projetos de infraestrutura de transporte, negócios bancários e de armas, deve ficar claro que os princípios e as práticas das democracias constitucionais de compartilhamento de poder, como temos conhecido desde a década de 1940, são ameaçados não apenas por rivais políticos externos. Hungria, Cazaquistão e Turquia — para citar apenas alguns casos — mostram que a transição de uma democracia de compartilhamento de poder para o despotismo pode acontecer rapidamente, em pouco mais de uma década.[31]

Esses casos servem como avisos de que a democracia monitória pode ser extinta, pouco a pouco, usando métodos de governo que têm uma forte semelhança com aqueles encontrados na China, na Rússia, no Irã, na Arábia Saudita e em outras localidades. Esses novos despotismos devem despertar os democratas em todos os lugares, lembrando-os de que estão vivendo tempos em que a escrita está no muro da democracia.

POR QUE DEMOCRACIA?

E assim, através da neblina espessa e da escuridão funesta, devemos fazer algumas perguntas básicas: assim como os democratas eleitorais sucumbiram e colaboraram com seus oponentes durante as décadas de 1920 e 1930, por que os democratas de hoje não deveriam simplesmente ceder à alternativa do despotismo e dizer adeus aos ideais e às instituições da democracia de compartilhamento de poder e monitoramento? O realismo não dita a necessidade de aceitar os apelos de Putin, Erdoğan e outros déspotas, para admitir que chegou a hora de preparar os últimos ritos para a desordem "ocidental" chamada democracia monitória? Aceitar que a nova ordem mundial emergindo do colapso da União Soviética, da atual estagnação europeia, da desordem no mundo árabe, do declínio do império norte-americano, do retorno de uma Rússia beligerante e uma China ambiciosa e autoconfiante favorece um despotismo de cima para baixo, não democracia? Em suma, por que estar do lado errado da história? Por que se apegar a essa coisa antiga chamada democracia?

Por que, de fato, diferentes povos com interesses diversos em diferentes pontos do nosso planeta devem favorecer a democracia monitória como um modo de vida? Por que eles devem se comprometer com uma maior responsabilidade pública, uma lição de humildade dos poderosos e a equalização das oportunidades de vida para todos? Poderia a democracia, em vez disso, ser uma falsa norma global, um ideal pseudouniversal que disputa atenção, deslumbra com suas promessas e, por um tempo, seduz as pessoas a acreditarem que é uma arma dos fracos contra os fortes — quando, na realidade, é apenas suborno organizado dos pobres pelos ricos, uma crença ignorante na sabedoria coletiva, um cúmplice de crimes humanos contra a natureza, um pretensioso pouco valor vendido por lojistas de segunda classe com mentes de segunda classe (como o antifilósofo alemão do século XIX Friedrich Nietzsche pensou)?[32] Dito de outra forma: a democracia monitória deve realmente ser valorizada na Cidade do Cabo e em Caracas tanto quanto em Chennai, Canberra, Copenhague e Chongqing?

Ao abordar essas questões éticas, recuperar e dar vida às justificativas passadas da democracia não é uma opção porque — aqui vem uma surpresa! — a história da democracia está repleta de justificativas dogmáticas, estranhamente antidemocráticas e autocontraditórias de por que a democracia é uma norma universal. Consideremos alguns exemplos da era da democracia eleitoral. A visão cristã do século XIX, expressa na tentativa do editor norte-americano Nahum Capen (1804–1886) de escrever a primeira história completa da democracia, era a de que ela é desejável porque extrai inspiração e verdade dos Evangelhos — isso é uma má notícia para os muçulmanos, hindus, confucionistas e outros.[33] Os primeiros defensores modernos da soberania nacional insistiam que cada Nação (eles gostavam das maiúsculas) tinha o direito de governar a si mesma, e que as lutas pela autodeterminação nacional tinham a história do seu lado — na prática, a doutrina provou ser muitas vezes assassina, como para os católicos irlandeses, condenados a serem oprimidos em um Estado--nação dominante; ou para palestinos e curdos, que eram apátridas; ou para ciganos, sámi, inuítes e outros povos indígenas considerados impróprios para a nacionalidade. E um influente tratado chamado *Governo* (1820), escrito para uma enciclopédia pelo pregador e funcionário público escocês James Mill (1773–1836), explicava que a democracia representativa era a protetora da propriedade privada e do individualismo possessivo e a garantia do princípio utilitarista de que "se a finalidade do governo é produzir a maior felicidade para o maior número de pessoas, esse fim não pode ser alcançado gerando um maior número de escravizados".[34]

Filosoficamente falando, o problema com essas velhas justificativas não é apenas que elas estão em contradição. Elas sofrem de obstinação. Presumem que sua justificação da democracia é universalmente aplicável porque se baseia em um primeiro princípio atemporal que exige que os democratas, assim como todos seus oponentes, se curvem em sua presença. Essa presunção filosófica, é claro, vai contra o espírito de autoquestionamento e nivelamento da democracia. Falar de Deus, nação, história e propriedade privada não é apenas metafísica doutrinária. Sua qualidade pontifícia contradiz toda a ideia de democracia monitória como defensora de uma diversidade aberta de modos de vida livres dos ditames autoritários dos poderosos.

O recurso que justifica a democracia olhar para suas consequências práticas positivas também não é convincente. Por exemplo, a democracia nem sempre é promotora da paz — os impérios de Atenas e os atuais Israel e EUA mostram exatamente o contrário. Não é a pré-condição universal de riqueza gerada pelo mercado ou "crescimento econômico" sustentado ou sustentável — pergunte aos governos chinês ou vietnamita, ou ativistas verdes, sobre essa afirmação. E dizer que a democracia promove o "desenvolvimento humano mais plenamente do que qualquer alternativa viável" — como fez o pensador político norte-americano Robert Dahl (1915–2014) — suscita questões difíceis sobre o significado dos termos "humano" e "desenvolvimento" e ignora dinâmicas não humanas.

E assim começa a busca por novas justificativas éticas para a democracia que se apoiem em formas de pensar mais rigorosamente humildes, sem se apegar a chavões como "a democracia é boa porque permite que as pessoas decidam como querem viver", ou adotar cinicamente um relativismo do tipo "nada é verdade e vale tudo" que inevitavelmente fica do lado dos inimigos da democracia que dizem que isso é mera tolice e bobagem.

Existe uma maneira de escapar da dupla armadilha do dogmatismo e do relativismo? Existe. O que é preciso são formas laterais de reimaginar a democracia como nosso ideal universal porque ela é a guardiã da pluralidade — a protetora de diferentes formas de viver livres dos ditames do poder arrogante, violento e predatório.

Pensar na democracia como guardiã da diversidade de mente aberta e defensora do poder publicamente responsável torna a ética da democracia mais ampla, mais universalmente tolerante a diferentes e conflitantes definições de democracia e mais capaz de respeitar a frágil complexidade de nossos mundos humanos e não humanos. Ela se desvincula da lúgubre busca filosófica de primeiros princípios atemporais, mas não aceita que o pensamento sobre a democracia deva aqui fluir, seguindo o caminho do cálculo pragmático.[35] Nestes tempos difíceis, pensar sobre os méritos da democracia monitória requer mais ponderação, não menos reflexão.

É claro que, nas aldeias e cidades da Nigéria, da Indonésia, do Chile, do Brasil e de outros países, a palavra "democracia" normalmente não é tratada como uma questão filosófica. Quando é valorizada, é por razões muito menos esotéricas, relacionadas a governos eleitos não corrompidos que fornecem água potável, eletricidade, vacinas, escolas e hospitais decentes. Também é verdade que em outros lugares a "democracia" serve como um código de crença do senso comum. "Tenha fé na democracia", disse o ex-presidente dos EUA, Barack Obama. "Nem sempre é bonito, eu sei. Eu tenho vivido isso. Mas é como, pouco a pouco, de geração em geração, progredimos."[36] Considerada como um modo de vida, a democracia monitória extrai força desses e de outros sentimentos a seu favor. Mas não são suficientes. Pois quando as coisas ficam difíceis e os tempos são preocupantes, um argumento convincente para a democracia realmente importa. Pode fazer a diferença para a opinião pública e a dinâmica do poder em qualquer contexto. Pode persuadir as pessoas a se apegarem ao seu compromisso com a democracia, ou a mudarem de opinião a seu favor, a ver e sentir as coisas de maneira diferente — acima de tudo, a reconhecer a necessidade de refrear qualquer forma de poder que prejudique suas vidas, trazendo-lhes dificuldades, tristeza e indignidade.

A sugestão de que o problema do poder abusivo deve ser central em como pensamos sobre a democracia é uma pista vital para que ela possa ser considerada indispensável em todos os lugares. Se a democracia é entendida como um processo interminável de atenuação do poder irrestrito, então devemos abandonar todos os esforços anteriores para vinculá-la aos primeiros princípios arrogantes. "A democracia não é imaginável", escreve o estudioso francês Jean-Luc Nancy (1940–2021).[37] Como a água, não tem forma ou substância fixa. Não apenas varia no tempo e no espaço, como vimos, mas seu desafio a formas fixas de vida e a recusa de todas as formas de poder de cima para baixo mascaradas como "normais" ou "naturais" são convincentes. A democracia tem uma natureza *punk*. É anárquica, permanentemente insatisfeita com a forma como as coisas são. As ações desencadeadas por seu espírito e suas instituições abrem espaço para recomeços inesperados. Sempre do lado dos alvos e das vítimas do poder predatório, a democracia duvida das ortodoxias, afrouxa fronteiras fixas, amplia horizontes e empurra para o desconhecido.

Pensar na democracia como uma forma mutante de proteger os seres humanos e sua biosfera contra os efeitos corruptores do poder irresponsável revela seu potencial radical: a insistência desafiadora de que as vidas das pessoas nunca são fixas, que todas as coisas, humanas e não humanas, são construídas sobre as areias movediças do espaço-tempo, e que nenhuma pessoa ou grupo, não importa quanto poder detenha, pode ser confiável permanentemente, em qualquer contexto, para governar a vida dos outros. Poderíamos dizer, pensando na época das primeiras assembleias populares, que a democracia é um meio de prevenção de danos. É um sistema de alerta prévio, uma forma de permitir que cidadãos e organizações e redes inteiras soem o alarme sempre que suspeitarem que outros estão prestes a causar danos ou quando calamidades já estão caindo sobre suas cabeças. Nietzsche notoriamente reclamou que a democracia representa a descrença no governo das elites e dos homens fortes. Isso acontece, e por um bom motivo. A democracia traz as coisas de volta ao chão. Serve como uma "verificação da realidade" sobre o poder irrestrito. É um meio poderoso de garantir que os responsáveis pelas organizações não se desviem para a terra da fantasia, perambulem por territórios onde desventuras de poder são ocultadas por belas palavras, mentiras, besteiras e silêncio.

Quando pensado dessa maneira, o princípio de alerta prévio da democracia conta como um bem global. A menção à democracia não mais corteja fantasias banais de trazer paz, crescimento econômico ou humanidade para as pessoas, ou ilusões de seminários universitários de cidadãos inspirados pela deliberação racional para darem as mãos em um acordo harmonioso. Exige abrir mão de apegos dogmáticos a um primeiro princípio, seja Verdade ou Felicidade ou Direitos Humanos ou Nação ou Mercado ou o Povo Soberano. Recusa-se a tolerar os desgastados rebaixamentos da democracia como "governo por orgia, quase por orgasmo" (como disse o escritor de Baltimore H. L. Mencken (1880–1956) em seu ataque aos "apetites e emoções primitivas" dos "ordenamentos inferiores dos homens" em seu livro *Notes on Democracy* (*Notas sobre a democracia*, em tradução livre, de 1927). Ele insta os críticos que hoje o desprezam como sinônimo de confusão liberal covarde, ou arrogância ocidental, a pensar novamente sobre os perigos do poder descontrolado. Profundamente desconfiado do poder exercido arbitrariamente, um defensor dos fracos e sábios contra os fortes e os tolos, o princípio de alerta prévio da democracia aplica-se igualmente aos mundos entrecruzados da vida cotidiana e dos grandes negócios, governos locais e nacionais e organizações internacionais. Está constantemente atento a todas as formas de poder arbitrário, onde quer que elas criem raízes. Ele adverte que as catástrofes geralmente resultam de pensamento de grupo, cegueira intencional e outras patologias de poder descontrolado.[38] Portanto, é tão aplicável a megaprojetos mal planejados e mal administrados na Iniciativa Cinturão e Rota da China, projetos multibilionários de extração de areia de alcatrão no Canadá e a extinção corporativa de florestas no Brasil, quanto a "modernização" secreta das forças militares ou empreendimentos arriscados do setor bancário e de crédito em Londres, Amsterdã, Xangai e Nova York.

Apegada a um forte senso da realidade como fluida e alterável, a democracia é uma defensora imparcial da abertura, amiga da perplexidade quando está na companhia daqueles que exercem o poder com uma segurança presunçosa. Nada sobre o comportamento humano é uma surpresa: observe que os seres humanos são capazes do melhor e são perpetradores do pior. Por essa razão, a democracia se opõe a toda forma de arrogância. Considera o poder concentrado cego e, portanto, perigoso; reconhece que não se deve confiar aos seres humanos um domínio irrestrito sobre seus semelhantes, ou sobre os biomas em que habitam. Isso derruba a antiga reclamação de que a democracia se assemelha a um navio de tolos, ou a um circo pândego dirigido por macacos. A democracia se opõe à estupidez e à dissimulação; se opõe à arrogância silenciosa e não tem nada a ver com autoritarismo, bullying e violência. Seu papel como um sistema de alerta antecipado a torna sintonizada com os enigmas e atenta às dificuldades. Alerta os cidadãos e seus representantes sobre os possíveis perigos de consequências desconhecidas. É sério sobre as calamidades de nossos tempos e identifica as que estão por vir.

Quando reimaginada em termos do princípio da precaução, a democracia monitória, a forma de autogoverno mais sensível ao poder na história da democracia, é claramente a melhor arma inventada até agora para a proteção contra as "ilusões da certeza"[39] e para romper monopólios de poder irresponsável, onde quer que operem. Ver a democracia dessa maneira não supõe, filosoficamente falando, que ela seja um padrão de Verdadeiro e Correto. Exatamente o contrário: a ética da democracia monitória é a pré-condição para quebrar o controle da arrogância moral. A ética da democracia está ciente de seus próprios limites e de outros, consciente de que ela não é "natural" e consciente de que não tem garantias meta-históricas. Não se entrega a idiotas arrogantes. Recusa a humilhação e a indignidade das pessoas. O poder artificialmente elevado não é efetivo".

As dúvidas da democracia falam de bons reis e rainhas, ditadores benevolentes e déspotas inteligentes. Em uma época em que milhões de pessoas sentem que perderam o controle sobre como as decisões políticas são tomadas, a democracia questiona os arrogantes e toma o lado dos impotentes contra aqueles que abusam de seu poder. Compreende bem que a defesa do pluralismo social e político pode ser levada ao ponto em que a diversidade destrói as condições que tornam o pluralismo possível, em primeiro lugar. Ela sabe que os impotentes podem se voltar contra o compartilhamento. O populismo mostra que o navio da democracia pode de fato ser afundado por seus marinheiros amotinados. Com a ajuda prática de uma infinidade de mecanismos de regulação do poder, a democracia, no entanto, supõe que um mundo mais igualitário de bem-estar, abertura e diversidade seja possível. Ela defende esses ideais não porque todas as mulheres e homens são "naturalmente" iguais, ou porque são ungidos por Deus, ou pelas divindades, ou pela "modernização", ou pela História. Em vez disso, a democracia nos mostra que nenhum homem ou mulher é perfeito o suficiente para governar inexplicavelmente seus semelhantes, ou as frágeis terras e mares em que habitam.

Isso não é sabedoria de valor global?

NOTAS

INTRODUÇÃO

1. Yutang, L. (1948, publicado em 1936). *My Country and My People*. Londres e Toronto: William Heinemann, p. 198.

PARTE I

1. Uma tradução do texto aparece em Lambert, W.G. (1960). *Babylonian Wisdom Literature*, Oxford, Londres, pp. 112–115.

2. Veja Joannès, F. (1985, setembro). "Haradum et le pays de Suhum". *Archéologie* 205, p. 58: "Em relação à prata, que Habasanu, durante seu mandato como prefeito, fez a cidade pagar, toda a cidade se reuniu e falou nestes termos a Habasanu: 'Da prata que você nos fez pagar, uma grande quantidade ficou em sua casa, bem como as ovelhas que oferecemos como presentes voluntários.'"

3. Para mais detalhes sobre essas repúblicas (chamadas *gana dhina*) — cujas assembleias parecem ter sido dominadas por aristocratas guerreiros (*kshatriya*), mas também incluíam especialistas em rituais (*brahmana*) e mercadores (*vaisya*), embora não trabalhadores (*shudra*) —, veja Kenoyer, J. M. (1997). "Early City-States in South Asia: Comparing the Harappan Phase and Early Historic Period", em Nichols, D. L. & Charlton, T. H. (Eds.) *The Archaeology of City-States: Cross-Cultural Approaches, Smithsonian Institution Press*, Washington e Londres: Smithsonian Institution Press, pp. 51–70; Altekar, A.S. (1958). *State and Government in Ancient India*. Delhi, Motilal Banarsidass; Sharma, J. (1968). *Republics in Ancient India: c. 1500 BC–500 BC*. Leiden: E.J. Brill; e Thapar, R. (2002). "States and Cities of the Indo-Gangetic Plain c. 600–300 BC", em *Early India: From the Origins to AD 1300*. Berkeley e Los Angele: University of California Press, pp. 137–173.

198 A MAIS BREVE HISTÓRIA DA DEMOCRACIA

4. A história de Wen-Amon é traduzida em James Henry Breasted, J. H. (1906). *Ancient Records of Egypt: Historical Documents from the Earliest Times to the Persian Conquest*. Chicago: University of Chicago Press. (Vol. 4). §§ 557 ff.

5. Aristóteles. *Politics*. 1304a 31–3; *Ibid*. 1303a 22–4 e 1311a 39. (Obra publicada no Brasil com o título *Política*.)

6. Platão. *Republic*. 557 e 492 a.C. (Obra publicada no Brasil com o título *República*.)

7. Produzida em 424 a.C., a sátira contundente apresenta um coro de jovens aristocratas (Os cavaleiros) que se aliam ao vendedor de salsichas. Agorácrito, em seus esforços para controlar Demos manobrando seu atual supervisor, um escravo chamado Paphlagonian. Os dois rivais rudimentares pelo poder sobre Demos recorrem à bajulação e a presentes gregos: para melhor controlá-lo, eles elogiam Demos como o Tirano e Único Governante da Terra, e o tentam com tudo, desde coelhos recém-capturados e peixes baratos até travesseiros para amolecer os assentos de pedra no Pnyx. Demos parece satisfeito com a trapaça: ele é retratado, durante a maior parte da peça, como um trapaceiro presunçoso cuja tolice é agravada por sua insistência em saber exatamente o que está acontecendo.

8. Rousseau, J. J. (1973, publicado em 1762). *Du contrat social ou principes du droit politique*. Paris: Larousse (Livro 3. Capítulo 15), p. 168.

9. Platão. Statesman. 291 D 1–29 A 4. (Obra publicada no Brasil com o título *O político*.)

10. Tucídides. *History of the Peloponnesian War*. 2.37–45; veja Raaflaub, K. A. (1994) "Democracy, Power, Imperialism", em Euben, J. P. *et al*. (Eds.). *Athenian Political Thought and the Reconstruction of American Democracy*. Ithaca e Londres: Cornell University Press, pp. 103–146. (Obra publicada no Brasil com o título *História da Guerra do Peloponeso*.)

PARTE II

1. Thomas Jefferson para Isaac H. Tiffany (1816, August 26). *The Thomas Jefferson Papers at the Library of Congress*. Retirado de http://hdl.loc.gov/loc.mss/mtj.mtjbib022558

2. Runciman, D. (2007). "The Paradox of Political Representation". *The Journal of Political Philosophy* (Vol. 15, N. 1), pp. 111–112.

3. Montesquieu (1949, publicado em 1748). *The Spirit of the Laws*. Nova York e Londres: Hafner Press, 1949 (Livro 2. Capítulo 2, "Do governo republicano e as leis em relação à democracia"), p. 9. (Obra publicada no Brasil com o título *O espírito das leis*.)

4. D'Argenson, R. (1764). *Considerations sur le gouvernement ancien et présent de la France*. Amsterdã: Chez Marc Michel Rey, p. 8.

5. Madison, J. (1787, november 22). "The Utility of the Union as a Safeguard Against Domestic Faction and Insurrection (Continued)". *Daily Advertiser*: "Os dois grandes pontos de diferença entre uma democracia e uma república são: primeiro, a delegação do governo, nesta última, a um pequeno número de cidadãos eleitos pelos demais; segundo, o maior número de cidadãos e a maior esfera e território sobre a qual esta última pode ser estendida."

6. Alexander Hamilton para o governador Morris em 19 de maio de 1777 (1961). Em Syrett, H.S & Cooke J. E. (Eds.). *The Papers of Alexander Hamilton*. Nova York: Columbia University

NOTAS   199

Press (Vol. 1), pp. 254–256.

7. Extraído de um discurso de James Wilson para a Convenção Federal em 6 de junho de 1787 (1937). Em Farrand, M. (Ed.). *The Records of the Federal Convention of 1787*. New Haven e Londres: Yale University Press (Vol.1. Capítulo 13. Doc. 18), pp. 132–133.

8. Brougham, H. (1848). *Political Philosophy*. Londres: H.G. Bohn (Parte 3. Capítulo 6), p. 33.

9. Jefferson, T. "Thomas Jefferson to Benjamin Rush [17 August 1811]". (1905). In Paker, W. B. & Viles, J. (Eds.). *Letters and Addresses of Thomas Jefferson*. Nova York: Unit Book Publishing, p. 204.

10. Paine, T. (1971). *Rights of Man*. Londres: J.S. Jordan. (Parte 1), pp. 272–274. (Obra publicada no Brasil com o título *Direitos do homem*.)

11. *Ibid*.

12. Pollard, A.F. (1920). *The Evolution of Parliament*. Londres e Nova York: Longmans, Green & Company, p. 3; uma afirmação idêntica foi feita por Hattersley, A. F. (1930). *A Short History of Democracy*. Cambridge: Cambridge University Press, pp. 78-79.

13. Nietzsche, F. (1966). *Beyond Good and Evil: Prelude to a Philosophy of the Future* (W. Kaufmann, Trans.). Nova York: Vintage, p. 202. (Obra publicada no Brasil com o *Além do bem e do mal*.)

14. Henderson, A. (1792). *The Bishops' Doom: A Sermon Preached before the General Assembly Which Sat at Glasgow Anno. 1638, On Occasion of Pronouncing the Sentence of the Greater Excommunication against Eight of the Bishops, and Deposing or Suspending the Other Six*. Edimburgo: John Gray and Gavin Alston, pp. 17–18.

15. Mills, W. T. (1916). Democracy or Despotism. Berkeley: University of California, p. 61.

16. Madero, F.I. (1908). *La sucesión presidencial en 1910: El Partido Nacional Democrático*. México: Colección Reforma-Revolución, pp. 179–185, 230–241.

17. Schvarcz, G. J. (1901). *Die Demokratie von Athen*. Leipzig: E. Avenarius (Vol. 1), pp. 29–69.

18. Citado em Golway, T. (2014). *Machine Made: Tammany Hall and the Creation of Modern American Politics*. Nova York: Liveright, p. 106.

19. Keyssar, A. (2001). *The Right to Vote: The Contested History of Democracy in the United States*. Nova York: Basic Books, p. 98.

20. As observações de Paul Groussac são encontradas em *Del Plata al Niágara*, Administracion de la Biblioteca, Buenos Aires, 1897; a confissão de Bolívar é citada em Krauze, E. (2011). *Redeeemers: Ideas and Power in Latin America*, Nova York, p. 342.

21. Declaração de fundação do Partido Conservador em Parisius, L. (1878). *Deutschlands politische Parteien und das Ministerium Bismarcks*. Berlim: J. Guttentag, pp. 219–220; Maine, H. S. (1886). *Popular Government*. Londres: John Murray, p. 36, que acrescentou que a democracia se assemelhava a "uma tripulação amotinada, banqueteando-se com as provisões de um navio, empanturrando-se de carne e embriagando-se com os licores, mas recusando-se a conduzir o navio para o porto", pp. 45–46.

22. Extraído de uma carta para o capitão Mercer em 26 de fevereiro de 1790. (1844). In *Correspondence of the Right Honourable Edmund Burke: Between the Year 1744, and the Period of his Decease, in 1797*. Londres: F. & J. Rivington, p. 147.

200 A MAIS BREVE HISTÓRIA DA DEMOCRACIA

23. Cleverdon, C. (1950). *The Woman Suffrage Movement in Canada*. Toronto: Toronto University Press, p. 215.

24. Guizot, F. (1861). *Histoire des origines du gouvernement représentatif, 1821–1822, 1822*. Paris: Didier. Traduzido para o inglês como *The History of the Origins of Representative Government in Europe*. Londres: Henry G. Bohn (Part 1. Lecture 1), p. 12.

25. Adams, C. F. (1856) (Ed.). *The Works of John Adams*. Boston: Little, Brown & Co. (Vol. 6), p. 469.

26. Franklin, B. "Madison Debates" (1787, july 26). Retirado de Lillian Goldman Law Library, Yale Law School, https://avalon.law.yale.edu/18th_century/debates_726.asp

27. Cooper, J. F. (1838). *The American Democrat: Or, Hints on the Social and Civic Relations of the United States of America*. Cooperstown: C.K. McHary, pp. 122–123.

28. A frase "cesarismo democrático" foi o título da obra mais interessante, ainda não traduzida para o inglês, do diplomata venezuelano, ex-alfandegário, acadêmico, jornalista, editor e diretor dos arquivos nacionais, Laureano Vallenilla Lanz. (1919). *Cesarismo democrático. Estudios sobre las bases sociológicas de la constituición efetiva de Venezuela*. Caracas: Empresa El Cojo.

29. Extraído da entrevista com Rosas por Vicente G. e Ernesto Quesada (Southampton 1873), em Sampay, A. E. (1972) *Las idéias políticas de Juan Manuel de Rosas*. Buenos Aires: Icon Juárez, pp. 215, 218–219; o discurso de Palermo é descrito na correspondência de Enrique Lafuente a Félix Frías, 18 de abril de 1839, em Rodríguez, G. F. (1921, 1922) (Ed.). *Contribuição histórica y documental*. Buenos Aires: Casa Jacobo Peuser (Vol. 2), pp. 468–469.

30. Mill, J. S. (1977). "Thoughts on Parliamentary Reform". (1859). In Robson, J. M. (Ed.), *The Collected Works of John Stuart Mill, Volume XIX: Essays on Politics and Society*. Toronto: University of Toronto Press, pp. 322–325.

31. Tocqueville, A. (1969). *Democracy in America* (Editado por J.P. Mayer). Garden City: Doubleday (Vol. 1), p. 12. (Obra publicada no Brasil com o título *A Democracia na América*.)

32. Keyssar, A. (2000). *The Right to Vote: The Contested History of Democracy in the United States*. Nova York: Basic Books.

33. Após doze meses de Segunda Guerra Mundial, as democracias eleitorais sobreviventes incluíam Austrália, Canadá, Chile, Costa Rica, Nova Zelândia, Suécia, Suíça, Reino Unido, Estados Unidos e Uruguai. Apesar da utilização de um colégio eleitoral para escolher um presidente sob condições de alta segurança e de guerra, a Finlândia também pode ser incluída no grupo de sobreviventes.

34. As citações são de "Duce (1922–1942)", *TIME*, 2 de agosto de 1943; Ludwig, E. (1932). *Talks with Mussolini* (Eden e Cedar Paul, Trans.). Londres: Allen & Unwin; Lee, S. J. (1988) *Aspects of European History, 1789–1980*. Londres: Taylor & Francis, p. 191; e Hibbert, C. (1965). *Benito Mussolini: The Rise and Fall of Il Duce*. Harmondsworth: Penguin Books, p. 40.

35. Batlle y Ordóñez, J. (1914). "Instrucción Para Todos". *El Día*. 4 de dezembro 1914.

36. Veblen, T. (1946, publicado em 1919). *The Vested Interests and the Common Man*. Nova York: B. W. Huebsch, p. 125.

NOTAS 201

37. Scheler, M. (2016). *Trois essais sur l'esprit du capitalisme. Sauvés par le travail?* Nantes: Éditions Nouvelles Cécile Defaut.

38. Laski, H. J. (1934). *Democracy at the Cross-Roads*. Londres: National Council of Labour.

39. Moore, B Jr. (1966). *Social Origins of Dictatorship and Democracy*. Boston: Beacon Press, p. 418.

40. Kocka, J. (2015). *Capitalism Is Not Democratic and Democracy Not Capitalistic*. Firenze: Firenze University Press, p. 24.

41. Citado em Egerton, F. C. (1943). *Salazar, Rebuilder of Portugal*. Londres: Hodder & Stoughton, pp. 224–227.

42. Lippmann, W. (1993, publicado em 1925). *The Phantom Public*. New Brunswick e Londres: Routledge, p. 15, 28; Bernays, E. (1928). *Propaganda*. Nova York: H. Liveright, pp. 9–10.

PARTE III

1. Exemplos dessas várias interpretações incluem: Fukuyama, F. (1992). *The End of History and the Last Man*. Nova York: Free Press; Streeck, W. (2017). *How Will Capitalism End? Essays on a Failing System*. Londres: Bloomsbury; Stasavage, D. (2020). *The Decline and Rise of Democracy: A Global History from Antiquity to Today*. Princeton: Princeton University Press, Princeton; e Urbinati, N. & Zampaglione, A. (2013). *The Antiegalitarian Mutation: The Failure of Institutional Politics in Liberal Democracies*. Nova York: Columbia University Press.

2. Asmal, K. *et al.* (Eds.) (2003). *Nelson Mandela in His Own Words: From Freedom to the Future*. Londres: Little, Brown, p. 62; o discurso está disponível em https://www.youtube.com/watch?v=-Qj4e_q7_z4.

3. O áudio completo do discurso proferido na Berlim Ocidental em 26 de junho de 1963 pode ser encontrado em www.americanrhetoric.com/speeches/jfkichbineinberliner.html.

4. Verba, S. "Problems of Democracy in the Developing Countries", Harvard — MIT Joint Seminar on Political Development, remarks, 6 de outubro de 1976; Finer, S. E. (1976). *The Man on Horseback: The Role of the Military in Politics*. Harmondsworth: Penguin, p. 223.

5. Keane, J. (2018). "Asia's Orphan: Democracy in Taiwan, 1895–2000", em *Power and Humility: The Future of Monitory Democracy*. Cambridge e Nova York: Cambridge University Press, pp. 61–74.

6. Citado em Keane, J. (2004). *Violence and Democracy/*. Cambridge e Nova York: Cambridge University Press, p. 1.

7. Um relato completo dos eventos de Praga pode ser encontrado em Keane, J. (1999). *Václav Havel: A Political Tragedy in Six Acts*. Londres e Nova York: Bloomsbury.

8. Veja Freedom House. (1999). "Democracy's Century: A Survey of Global Political Change in the 20th Century". Nova York

9. Veja Fukuyama, F. (1989). "The End of History?" *The National Interest*, Summer; e minha entrevista com ele em "On the Road to Utopia?" *The Independent*, 19 de junho de 1999.

10. O clássico estudo é Schaffer, F.C. (2000). *Democracy in Translation: Understanding Politics in an Unfamiliar Culture*. Ithaca: Cornell University Press; veja também Gellar, S. (2005).

Democracy in Senegal: Tocquevillian Analytics in Africa. Nova York: Palgrave Macmillan, pp. 156–171.

11. Hattersley, A.F. *A Short History of Democracy*, p. 237.

12. Chowdhury, D. R. & Keane, J. (2021). "Tryst with Democracy", em *To Kill a Democracy: India's Passage to Despotism*. Oxford e Nova York: Oxford University Press, pp. 3–37.

13. Von Hayek, F. (1979). Law, Legislation and Liberty, Volume 3: The Political Order of a Free People. Londre e Henley: University of Chicago Press: "Devo admitir francamente que, se a democracia é entendida como o governo pela vontade irrestrita da maioria, eu não sou um democrata, e até mesmo considero esse governo pernicioso e, a longo prazo, impraticável." (p. 39); Schumpeter, J. (1942). Capitalism, Socialism, and Democracy. Nova York e Londres: Harper & Brothers, p. 269.

14. Keane, J. "Hopes for Civil Society". *Global Perspectives* (Vol. 1. N. 1). Agosto de 2020, pp. 1–11.

15. Tocqueville, A. (1955, publicado em 1856). *The Old Régime and the French Revolution* (S. Gilbert, Trans.). Garden City (Parte 3. Capítulo 4), p. 177: "Uma reclamação que fora pacientemente suportada enquanto parecia irreparável passa a parecer intolerável quando a possibilidade de superá-la passa pela cabeça dos homens. Pois o simples fato de certos abusos terem sido remediados chama a atenção para outros e agora eles parecem mais irritantes; as pessoas podem sofrer menos, mas sua sensibilidade é exacerbada." (Obra publicada no Brasil com o título *O antigo regime e a revolução francesa*.)

16. Presidente Franklin D. Roosevelt, para a White House Correspondents' Association. Washington, 15 de março de 1941.

17. O repensar radical do futuro global da democracia durante a década de 1940 é amplamente discutido em Keane, J. *Power and Humility*

18. Lewis, C. S. "Equality" (1943), in Walter Hooper (Ed.), *Present Concerns: Essays by C. S. Lewis*. Nova York: Harcourt Brace Jovanovich, 1986, p. 17, parágafo 1; Lin Yutang, *My Country and My People*, pp. 277–278.

19. Priestley, J. B. (1941). *Out of the People*. Londres: Collins, pp. 16-17, 111; Maritain, J. "Christianity and Democracy", manuscrito datilografado preparado como discurso na reunião anual da American Political Science Association. Nova York, 29 de dezembro de 1949; Schumpeter, J. *Capitalism, Socialism and Democracy*, p. 263.

20. Niebuhr, R. (1945). *The Children of Light and the Children of Darkness: A Vindication of Democracy and a Critique of its Traditional Defenders*. Londres: Nisbet, p. vi.

21. Arendt, H. (1994, publicado em 1945). "Nightmare and Flight" em *Essays in Understanding 1930–1954*. Nova York: Harcourt Brace & Company, p. 134; Friedrich, C. J. (1941) *Constitutional Government and Democracy*. Boston: Little, Brown, p. 34; e Mann, T. (1943). *The Coming Victory of Democracy*. Londres: Yale University Press, p. 22.

22. Keane, J. (2013). *Democracy and Media Decadence*. Cambridge e Nova York: Cambridge University Press; veja também Deibert, R. J. (2020). *Reset: Reclaiming the Internet for Civil Society*. Toronto: House of Anansi.

23. Latour, B. (2005). "From Realpolitik to Dingpolitik or How to Make Things Public" em Latour, B. & Weibel, P. (Eds). Making Things Public: Atmospheres of Democracy. Cambridge: MIT

Press, pp. 14–41; Latour, B. (1993). *We Have Never Been Modern*, Cambridge; e "The Parliament of Things". https://theparliamentofthings.org/.

24. Rosanvallon, P. (2018). *Good Government: Democracy Beyond Elections* (M. DeBevoise). Cambridge: Harvard University Press, pp. 2–19. A interpretação é perspicaz, mas prejudicada pela falta de clareza sobre o momento da transição (descrito como "nos últimos dois séculos" e "cerca de trinta anos") e pela dependência excessiva do caso da França. As reformas democráticas propostas para uma "democracia permanente" equipada com robustos "mecanismos de vigilância e supervisão" e "responsabilidade" se parecem muito com a democracia monitória nascida na década de 1940.

25. Wike, R., Silver, L. e Castillo, A. "Many Across the Globe Are Dissatisfied with How Democracy Is Working." Pew Research Center, Washington, DC, 29 de abril de 2019; Economist Intelligence Unit. "Democracy Index 2018." Londres, 2018; "Democracy for All?" *The V-Dem Annual Democracy Report 2018*. V-Dem. Gothenburg, 2018; Freedom House. "Freedom in the World 2018." Washington, DC, 2018; e Foa, R. S. *et al.*, "Youth and Satisfaction with Democracy: Reversing the Democratic Disconnect?" Bennett Institute for Public Policy. Cambridge, outubro de 2020.

26. Os vários resultados da pesquisa são analisados em Chowdhury, D. R. & Keane, J. *To Kill A Democracy*.

27. Sharma, R. "The Billionaire Boom". *Financial Times*, 15 e 16 de maio de 2021; Veblen, T. *The Vested Interests and the Common Man*, p. 125.

28. Wolin, S. (2008). *Democracy Incorporated: Managed Democracy and the Spectre of Inverted Totalitarianism*. Princeton e Oxford: Princeton University Press, pp. 286–287.

29. Reid-Henry, S. (2019). *Empire of Democracy: The Remaking of the West Since the Cold War, 1971–2017*. Nova York e Londres: Simon & Schuster, Parte 1.

30. Changhe, S. "Western Democracy Must Be Demoted from a Universal Idea to a Local Theory" (需将西方民主从普世知识降级为地方理论). *Guangming Daily*. 28 de maio de 2016, http://news.sina.com.cn/c/2013-05-28/092127244512.shtml; Polin, T. H. W. "Democracy: A Western Tool for Domination." *Global Times*, 11 de fevereiro de 2018; o comentário de Liu Cixin é citado em Fan, J. "The War of the Worlds". *The New Yorker*, 24 de junho de 2019, p. 34; a quarentena é descrita em Cixin, L. (2016). "Post-Deterrence Era, Year 2 Australia". *Death's End*, Nova York: Tor.

31. Keane, J. (2020). *The New Despotism*. Cambridge e Londres: Harvard University Press.

32. Nietzsche, F. (1990). *Twilight of the Idols* (M. Hollingdale, Trans.), Londres, p. ix, 38. (Obra publicada no Brasil com o título *Crepúsculo dos ídolos*.)

33. Capen, N. (1874). *The History of Democracy: or, Political Progress, Historically Illustrated, From the Earliest to the Latest Periods*. Hartford: American Publishing Company, p. v: "A História da Democracia é uma história de princípios, ligada à natureza do homem e da sociedade. Todos os princípios centram-se em Deus... nas sublimes verdades do cristianismo encontra-se o alto padrão de conduta e empenho humanos."

34. Mill, J. (1937, publicado em 1820) "Government". Reimpresso como *An Essay on Government*. Cambridge: Cambridge University Press.

35. Rorty, R. (1991). "The Priority of Democracy to Philosophy" em Rorty, R. *Volume I: Objectivity, Relativism, and Truth, Philosophical Papers*. Cambridge University Press, pp. 257–282; compare minha resposta a esse modo de pensar em *The Life and Death of Democracy*, especialmente pp. 839–872.

36. Barack Obama, discurso na cerimônia de formatura do 250° aniversário da Rutgers University, 15 de maio de 2016.

37. Nancy, J. (2010). *The Truth of Democracy*. Nova York: Fordham University Press, p. 27.

38. Keane, J. "Silence, Early Warnings and Catastrophes", em *Power and Humility*, pp. 207–222.

39. Kahneman, D. (2011). *Thinking, Fast and Slow*. Londres e Nova York: Penguin Books, p. 418.

CRÉDITOS DAS IMAGENS

p. x: Dreros law, fotografia cortesia do autor; William Blake depois de Peter Paul Rubens, "Democritus", 1789, domínio público; Nicene Creed, FLHC 39 / Alamy

p. xi: René Louis de Voyer, Alamy; secret ballot, lp studio / Shutterstock; carnation, Oksana 2010 / Shutterstock; equality knuckles, Khabarushka / Shutterstock

p. 5: Amanda Phingbodhipakkiya para *MoveOn*, 2020

p. 8: Keystone Press / Alamy

p. 11: Al'aa Salah, Sudan, abril de 2019, AFP via Getty Images

p. 12: Cesare Ripa, Iconologie, trans. Jean Baudoin, Aux amateurs de livres, Paris, 1643

p. 22: Autor desconhecido via Oriental Institute Museum, Chicago

p. 24: Autor desconhecido via mesopotamiangods.com

p. 26: "Advice to a Prince", Neo-Assyrian, c. 650BC, excavated by George Smith, Kouyunjik, Iraq. © The Trustees of the British Museum

p. 31: Pushkin State Museum of Fine Arts, Moscow via Wikimedia Commons

p. 33: Fotografia cortesia do autor

p. 37: Leo Von Klenze, "Ideal view of the Acropolis and Areopagus in Athens", 1846, © bpk image agency

p. 42: Ephorate of Antiquities of Athens City, Ancient Agora, ASCSA: Agora Excavations. © Hellenic Ministry of Culture and Sports/Hellenic Organization of Cultural Resources Development. Fotógrafo: Craig Mauzy

p. 45: Rudolf Muller, "View of the Acropolis from the Pnyx", 1863. © Benaki Museum, Athens

p. 47: Stephan Vanfleteren

p. 50: Ephorate of Antiquities of Athens City, Ancient Agora, ASCSA: Agora Excavations. © Hellenic Ministry of Culture and Sports/Hellenic Organization of Cultural Resources Development

p. 53: Ephorate of Antiquities of Athens City, Ancient Agora, ASCSA: Agora Excavations. © Hellenic Ministry of Culture and Sports/Hellenic Organization of Cultural Resources Development

p. 55: Pictorial Press Ltd / Alamy

p. 57: Autor desconhecido

p. 61: Philip von Foltz, "The Funeral Oration of Pericles", 1852. The Picture Art Collection / Alamy

p. 73: Glenn O Coleman, "Election Night Bonfire", 1928, Detroit Institute of Arts, USA © Detroit Institute of Arts/Founders Society, Adquirido, Mrs. James Couzens, via Bridgeman Images

p. 75: Historical Images Archive/Alamy

p. 80: John Keyse Sherwin depois de William Hogarth, "The Politician", 1775, De Luan/Alamy

p. 87: Miguel Hermoso Cuesta via Wikimedia Commons

p. 89: Rosegarten Museum via Wikimedia Commons

p. 94: Autor desconhecido via Wikimedia Commons

p. 99: Autor desconhecido, publicado em *The Daily Mail*, Reino Unido, 1909

p. 100: Aristotle, *Politica: Le livre de politiques*, traduzido por Nicholas Oresme, século XIV, Royal Library of Belgium

p. 103: James Gillray, "Charles James Fox, "A democrat; — or — reason and philosophy"", publicado por Hannah Humphrey, 1793, © National Portrait Gallery, Londres

p. 110: William Rider-Rider, 1917, Canada. Dept. of Defence, Library and Archives

p. 115: José Clemente Orozco, "Las Masas (As massas)", 1935, via Alamy

p. 123: Autor desconhecido via Wikimedia Commons

p. 128: Foto News / Archivio Luce

p. 135: Autor desconhecido via Asahi Shimbun

p. 142: Gideon Mendel/Getty Images

p. 145: Associated Press

p. 148: Autor desconhecido via kingsandqueensofportugal.tumblr

p. 150: Sueddeutsche Zeitung Photo/Alamy

p. 154: Godong/Alamy

p. 157: Autor desconhecido

p. 170: © United Nations Photo

p. 175: Thomas Dorrington, cortesia de Extinction Rebellion Cambridge

p. 180: ITAR-TASS News Agency/Alamy

p. 187: Autor desconhecido

SOBRE O AUTOR

JOHN KEANE é professor de política da Universidade de Sydney, na Wissenschaftszentrum Berlin, e fundou o London's Centre for the Study of Democracy e a Sydney Democracy Network. Entre seus muitos livros, *Vida e Morte da Democracia* foi selecionado para o Prime Minister's Literary Award for Non-Fiction de 2010 e traduzido para vários idiomas. Ele foi recentemente indicado para os prêmios Balzan e Holberg pelas excepcionais contribuições globais para as ciências humanas.

ÍNDICE

A

abundância comunicativa 173–174
abuso de poder 36
ágora 13, 37–38, 40, 52
Albert Camus, escritor 143
Alexandre, o Grande 177
Alexis de Tocqueville, escritor 121, 123
anarquia 76
animismo 111
Antifonte 17
Antiga Babilônia 28
Antígono Gônatas, rei macedônio 65
António Salazar, ditador 134
Anu, deus do céu 23–24
apartheid 1, 143
Aristóteles 35–36, 43
assembleias 27
   consultivas 107
   parlamentares 84
   públicas 16, 47

B

Barack Obama, ex-presidente dos EUA 192
Barão de Montesquieu 76
barbárie 19
Batalha de Queroneia 64
Benjamin Franklin 113

bolchevismo 162
Bronisław Malinowski, antropólogo 21
Bruno Latour, atropólogo 177

C

capitalismo 130, 132, 141
catástrofe política 162
Comissão dos 24 92
Comitê de Informação Pública 137
competição multipartidária 81
Concílio de Constança 93–94
conflitos 19
Conselho a um príncipe , 26
contágio democrático 162
Convenção Constitucional de 1787 103
Corinto 13
COVID-19 179
crises de autodestruição 177

D

David Van Reybrouck 47
Declaração Universal dos Direitos Humanos 169
demagogia 62, 130
democídio 14, 178
democracia 16, 106
   da mesquita 154
   de assembleia 36, 48, 74

eleitoral 129, 172
falsa 76
primitiva 20, 21
representativa 76
democratas 65
Demócrito, filósofo 46
dēmokratia 16
Dēmokratia, deusa 11–13
demos 13
Demóstenes 65
desigualdade social 2
despotismo 79, 122
eleitoral 178
dikasteria, sistema de tributação 51
discurso dos Quatorze Pontos 126
ditadura 164
ditaduras armadas 134
dokimasia, processo 49

E

energia escura 163
Ésquilo, autor 17
Estado Leviatã 168
Eufránor 13
expansão da escravidão 41
exposição pública 173

F

fala franca 45
fascismo 162
franchise eletiva 71
Friedrich Nietzsche, filósofo 95, 189

G

George Eliot, romancista 110
George Grote 16
governo popular 77
Guerra
Civil Americana 116
do Peloponeso 57–58
Lâmia 64
guerra civil 47, 80

H

Hannah Arendt 168

Heráclito, filósofo 38
Heródoto, historiador 17
hierarquia de classes 123
Hiperbolo, demagogo 52
Hiperides 65
hiperinflação 134
House of Burgesses 75

I

Idade do Bronze 18
igualdade 90
igualitarismo 157
imperialismo militar 162
império 106
Império Habsburgo 107
Ivan, o Terrível 95

J

James Madison, ex-presidente dos EUA 77
Jean-Jacques Rousseau, pensador 47
John F. Kennedy, ex-presidente dos EUA 143
John Stuart Mill, filósofo 120

K

Kanesh 28
kratein 54

L

lei
de Dreros 33
marcial 147
liberdade 90
de expressão 179
de imprensa 96, 105
Liga Arcadiana 125
Lin Yutang, escritor 164, 8–9

M

macedônios 65
Magna Carta do Rei João 87
Mark Twain, escritor 71
Marquês d'Argenson 76
matérias-primas 19
mestas 90
monarquia 79, 81, 98
monitoramento eleitoral 158

N

natureza humana 9, 10
nazismo 162
Nelson Mandela 142
Nicole Loraux 57

O

oligarquia 70, 98
oração fúnebre de Péricles 61
oratória 17
orçamento participativo 158
Oriente Médio 19, 60
Ostraka 53

P

paz 190
período védico 29
petroditaduras 144
Platão, filósofo 44–45, 55–56
pluralismo multipartidário 111
Pnyx, anfiteatro 37, 44–45
poder estatal 141
polypragmon 58
populismo 116–117, 120
povo 114
Primeira Guerra Mundial 121, 126, 137
princípio da precaução 195
procuradores 89
produção agrícola 19
Protágoras de Abdera, sofista 38

R

Ramsés XI, governante egípcio 29
Rebelião da Extinção 175
regra da maioria 102
Reinhold Niebuhr, teólogo 167
representação eleitoral 69
República Romana 72, 74
Revolução
    Americana 72
    das Rosas 1
    da Tulipas 1
    democrática 122
    de Veludo 1
    Laranja 1

S

Samuel P. Huntington, cientista político 4
Senegal 154
separação de poderes 50
Síria-Mesopotâmia 21, 23
soberania popular 164
sociedade civil 161
Sócrates, filósofo 39
solidariedade comunitária 155
stalinismo 162
Stoa de Zeus Eleutherios 13
superioridade 9

T

Teatro Nacional 149
tensões 19
Theodor Adorno, filósofo 163
theoxenia 13
Thomas
    Jefferson, ex-presidente dos EUA 69–70, 79
    Mann, escritor 163
Thorkild Jacobsen, estudioso 20–22
tirania 36
    da maioria 120
    roxa 133, 136
titanismo 9
totalitarismo 135–136, 162
    invertido 182
Trácia 65
tradição 9

U

University College London 16
Urbano II, papa 84

W

Wen-Amon, diplomata 29–30, 32
Woodrow Wilson, ex-presidente dos EUA 126

X

Xenofonte, comandante militar 17

Z

zigurates, templos 19

Projetos corporativos e edições personalizadas
dentro da sua estratégia de negócio. Já pensou nisso?

Coordenação de Eventos
Viviane Paiva
viviane@altabooks.com.br

Contato Comercial
vendas.corporativas@altabooks.com.br

A Alta Books tem criado experiências incríveis no meio corporativo. Com a crescente implementação da educação corporativa nas empresas, o livro entra como uma importante fonte de conhecimento. Com atendimento personalizado, conseguimos identificar as principais necessidades, e criar uma seleção de livros que podem ser utilizados de diversas maneiras, como por exemplo, para fortalecer relacionamento com suas equipes/ seus clientes. Você já utilizou o livro para alguma ação estratégica na sua empresa?

Entre em contato com nosso time para entender melhor as possibilidades de personalização e incentivo ao desenvolvimento pessoal e profissional.

PUBLIQUE SEU LIVRO

Publique seu livro com a Alta Books.
Para mais informações envie um e-mail para: autoria@altabooks.com.br

 /altabooks   /alta-books      /altabooks   /altabooks

CONHEÇA OUTROS LIVROS DA **ALTA BOOKS**

Todas as imagens são meramente ilustrativas.

 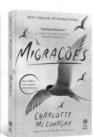

Este livro foi impresso nas oficinas gráficas da Editora Vozes Ltda.,
Rua Frei Luís, 100 – Petrópolis, RJ.